迷因效应

谁在影响你，你在影响谁

高 德◎著

Meme Effect:
Behind the Sensitiveness of the Crowd

天津出版传媒集团
天津人民出版社

图书在版编目（CIP）数据

迷因效应：谁在影响你，你在影响谁 / 高德著．--天津：天津人民出版社，2016.11

ISBN 978-7-201-10895-7

Ⅰ．①迷…　Ⅱ．①高…　Ⅲ．①分析－研究　Ⅳ．①B025.4

中国版本图书馆 CIP 数据核字（2016）第 242029 号

迷因效应：谁在影响你，你在影响谁

MIYIN XIAOYING：SHUI ZAI YINGXIANG NI，NI ZAI YINGXIANG SHUI

出　　版　天津人民出版社
出 版 人　黄　沛
地　　址　天津市和平区西康路35号康岳大厦
邮政编码　300051
邮购电话　（022）23332469
网　　址　http://www.tjrmcbs.com
电子邮箱　tjrmcbs@126.com

责任编辑　刘子伯
策划编辑　路姜波
装帧设计　仙　境

制版印刷　三河市兴达印务有限公司
经　　销　新华书店
开　　本　690×980毫米　1/16
印　　张　17.5
字　　数　201千字
版次印次　2016年11月第1版　2016年11月第1次印刷
定　　价　39.80元

人类的世界并非由人组成，而是由故事组成的。

-推荐序-

如果我们是真的

想象这样一个故事：

一个邪恶的科学家切下你的大脑，并把它放进了一个盛满营养液的缸中。营养液足以维持大脑的存活，而计算机可以向你的大脑传送信号。你的大脑拥有一切正常的幻觉：视觉，嗅觉，味觉，触觉，意识，思想，身体感，运动感等等。这些计算机输入给你的幻觉与你可能经历的真实生活别无二致。

请问，你如何确定你现在不是这个“缸中之脑”呢？

我们是否能确证外部世界的真实性？是否能确证“自我”对自身拥有最高的管理权限？

种种迹象都指向了否定答案。比如，生命个体不停地诞生并消逝，而基因却像钻石一样恒久长存；我们穷尽脑力拓展生存空间（挖掘资源、找寻能源），也不过是喂养了技术和机器；我们的个性、尊严和自由意志变成了合规律的数据和代码，而信息的族裔却子孙繁盛……

不妨让我们来一个反转，就像庄周的蝴蝶突然发现自己只是一场梦，或博尔赫斯的外乡人突然发现自己只是别人的幻影，人类是否只是基因的奴隶和迷因的傀儡？我们是否只是某种中转站和过渡物？

如果你觉得这个反转冒犯了你，我想说，别这么多愁善感！

当我们盲目、躁动、懒惰成性、自以为是时，我们怎么能大言不惭，认定自己不是迷因治下的乌合之众或一道幻影呢?

斯坦诺维奇号召我们说，要铸一把理性思维之剑，开启一场反抗迷因的叛乱。

如果“你”是真的，请证明给我看!

编者

-前　言-

数年前，在加州理工学院的课堂上，卡莱茨教授把技术对人类的影响称为“科技殖民”，将之与道金斯创造的“迷因学”联系起来，认为技术的扩张正是迷因在文明社会的表现形式之一。他毫不掩饰对技术文明有朝一日必将凌驾于人类的传统文明之上的担心，并认为这是我们面临的最大危险。本书的主题正是由卡莱茨教授此次的观点而来。他说：“我们已经进入一个危险的时代。掌握命运的不是我们自己，而是技术和信息的结合体。”

后来，我和他在洛杉矶有过一次长谈。他对迷因和思维的关系及背后的影响也非常感兴趣。再结合社会学、经济学和传播学的诸多现象，我们认为很有必要把迷因对人类社会各个层面的巨大影响介绍给全世界的读者。

从概念来看，迷因似乎是一种神秘的力量，它不仅隐藏在我们的大脑中，而且遍布这个世界，甚至主宰着整个宇宙。就像暗物质和暗能量，它“无比巨大”地存在并展示着力量，但却难以被发现和看到。它先于人类诞生——确切地说，它产生于宇宙大爆炸的瞬间：当宇宙出现第一个基本粒子时，迷因作为一种由信息构成的自主和复合生命便同时产生了。没错，**以信息为单位的“自主生命体”，这是它**

的第一个性质。

信息无所不在，当然也诞生并分布于我们的大脑中以及生活、工作、人际交往的每个细节中。它不断复制重构，形成意念，决定人类如何思考，描绘且组合一切。信息的复制效率极高，神经元1秒钟可以进行10亿次的信息交换，并能通过行为转移到外界，以人类为载体形成传播效应。**这是迷因的第二个性质：具有自我复制和传播的能力**。它可以由人的意识产生，但又不受人的意志控制。它利用一切介质进行扩散，同时不被我们发现。迷因以"**信息动态演化**"的形式暗中掌控了我们的世界。

卡莱茨教授说："任何一个单独的、孤立的元素都不是迷因，上午十点半突然跳出的股票价格不是，一张照片不是，一个笑脸不是，一颗子弹也不是。只有当它们引发一系列的连锁反应时，我们才能看到迷因。比如股市上涨、暴跌，被传播的照片，开心的氛围、被射杀的难民、流行的音乐和舞步。这些发生关联的元素就成为了迷因。"

"玩具"不是迷因，"喜欢玩具"才是。正如同哈佛大学的社会心理学家埃伦·兰格在采访中告诉我的："迷因是信息通过传播引发了变化，它适用于解释所有的社会心理学现象，也包括经济问题，当然还有互联网。"这并不仅是他自己的观点。早在20世纪呼啦圈风靡全球时，时人便已注意到了一种流行产生的根源。时髦的玩具经常是人们某种心理需求的载体，它的形象巧妙复制和传播了我们头脑中的欲望，并产生和开发出了成千上万个新的欲望，引发了特殊的社会现象。

2008年全球性的金融危机爆发前夕，埃伦·兰格就已经发现了征兆。他说："前一年，就连巴菲特都沉默了，这是一个信号。每个人都感觉不妙，但没有人愿意撤出来。人们捂住眼睛，互相传递虚假的消息，继续加固绞刑架。”他习惯用社会心理学知识来解释经济的变化。实际上，“钱”不是迷因，“获利的动机”才是迷因。它操控人心，驱动热钱流向可以获利的地方，主导着经济的繁荣和衰退。重要的一点是，**它既是我们意志的反映，又不以人的意志为转移，这是迷因的第三个性质**。

信件传播中的微妙变化也许是一个值得注意的视角。丹尼尔是一位研究“连环信实验”的社会学家。他发现当一封信被抄写7份并完整地复制下来传递给9位朋友后，尽管每名传递者都努力保留信上的每一个字，但当信件的传播达到一定的数量级后，比如4到5个人，文本已经产生了很多“变体”：很多原意都被篡改了，完全不是写信人想要表达的意思。每一位复制信件的人都是无意的，没有人试图主动更改信件的内容，但信息借助抄写人之手完成了复制和变异，并让信息的总量增加了。在这个过程中，掌握主动权的是人还是迷因呢？

在互联网时代，当大数据和消费主义大行其道时，我们更能从魔幻之镜中看到迷因在向我们微笑。技术的进步使信息的复制和传播达到了惊人的速度，不论是通信工具的帮助，还是人和人之间的口口相传，信息的数量和它扩张的步伐都已经远远超出了人的承受能力。一夜之间就有无数新的话题在网络流行，让人眼花缭乱；明星的走红和电影的热映都像是由迷因主导的一场游戏。人既是主动的，又是被动的。谁才是主人？营销学者与管理学家都遇到了麻烦，似乎很多定律都失效了。可事实上，我们以前并没有真正认识到这些流行背后的基本法则。

迷因学的发明者道金斯曾经说：“我从未想象过要建立专门研究迷因的学科，是因为我尚不清楚它对人类文化和社会的作用。”组成文化、社会抑或群体等级心理的信息太过复杂了，这些元素的演变总是难以细致观测的。它好像很难用数学的方法搜集和统计出来，但这并不意味着迷因学是独立于文化与社会学之外的学科。事实恰恰相反，我们今天已经发现，迷因本身的抽象性和无法计量性，正是构成文化信息与社会元素的一部分。早在人类基因诞生的一刹那，迷因就以一种独特的方式插手了生命的进化——基因的复制、传播和变异严格按照这个既定的模式有条不紊地进行着。

基因的工作程序是如此完美，总是追求原封不动地复制传袭下去，但变异也必不可少。比如，它必须优先保留最利于生存的部分，淘汰那些“见义勇为”或“大公无私”的基因，至少要把它们变成少数。它还会把这部分重要信息强化加固并以思想的形式在人和人之间进行传染，每个人都觉得这是理所当然的生存定律。**所有的生物都在遵守进化的迷因规则，以至于人类历史上的所有宗教全都在讲“怎样与自私对抗”**。

综上所述，书写是迷因，表演是迷因，微笑是迷因，数字的跳动是迷因，导弹发射是迷因，移民火星是迷因，食不果腹与穷奢极侈同样也是迷因。只不过，信息不停地更换宿主，直到自己无比强大，最终引发一次流行、一次破产、一次股灾、一场战争甚至全球性的科技革命。

那么，迷因是科学吗？

埃伦·兰格在2014年的专栏文章中为本书即将开始的故事提供了自己的预言：“迷因有着自己的演化历史，它唯一的目的就是复制和传播。你会发现不管在经济、商业管理、技术进步还是产品营销领域，它都像‘连环信’游戏一样复制着同样的规则。在互联网领域，有识之士已认识到迷因的价值。因为当信息的流通越来越快时，迷因的效应就成倍增加了，它们的传播被技术加速了，就像我的文章明天就会出在全球3亿读者的面前，而不需要借助书信。”不得不说，这是一个带有迷因色彩的论断。但它讲到了我们这本书的主题——旨在告诉读者迷因的性质、成因和它的演化过程。

迷因会带给人类一个怎样的未来？这才是我们更感兴趣的事情。本书的目的并非简单告诉你迷因是危险的，而是希望人们看到事情是怎么发生的，重要的是还会发生什么。它不仅仅是一门有待开发的科学。很显然，它还是将来的热门话题，在每一个领域都会有广泛的应用。

目 录 Contents

第一章　迷因：信息的复制、变异和演化

迷因的三个特点：复制、变异和演化；迷因是信息的动态演化，也是复合型生命，而人只是它的传播载体；信息的形态和组合方式在不断变化，人类的一举一动都受它影响；从本章，您可以知道我们身边都有哪些事情是迷因效应。

第二章　迷因关系学：战胜根深蒂固的自私

迷因和基因既有相同之处也有不同之处；从迷因学的角度，我们可以看到人性的进化逻辑，发现人类社会演化的根本规律；人类的社会关系与行为模式也受到迷因的影响；或许，今后你不会再对一个陌生的自我感到惊讶。

第三章　迷因与流行：偶像的产生和消亡

歌手和他（她）的音乐为什么走红？一部电影又为什么热映？“万人迷”是怎么产生的？促成流行的原因是什么？人的情感倾向和第一印象是怎么产生的？迷因告诉你：“我就是流行。”别再得意自己有一副好身材了，这一切都是由迷因控制的。

第四章　迷因营销学：把用户变成你的服务生

口碑营销的4大迷因定律；关注力的变化是由信息的变异决定的，而不是由产品本身的价值决定的；科技的进步使零成本营销成为可能；每个电脑用户都在释放信息的“病毒”，他们为什么停不下来？制造话题是催生迷因的第一步；传播的“魔幻三重奏”告诉我们：用户不仅是顾客，还是你的服务生；迷因学让营销变得更简单了，但它总是真假难辨。

第五章　迷因经济学：精英俱乐部统治世界

影响经济政策的因素是什么？经济和管理的未来在何方？决策者和投机者对大萧条负有不可推卸的责任，但我们无法责怪他们；免费经济依赖于消费者的关注力，但它并不是必然发生的；货币的价值与人心的关系；精英统治世界，是迷因在经济领域演化的必然结果。

第六章　迷因与商业：消费主义在欢唱

消费主义带我们进入了非理性时代，它可能是不可逆的；迷因激活了人们的消费基因，上帝也在购物；在全民狂欢的背后，信息好像又赢了。

第七章　迷因与互联网：逃离拇指上的世界

互联网推动了人类社会的进化，但它有独立的基因；生活越来越方便，但我们不是更聪明而是更愚蠢了；网络迷因把人类困在了手掌之上，使我们自以为拥有了更多的选择；当虚拟空间开始扩张时，未来似乎没那么美妙。

第八章　迷因与技术：危险的人工智能

是我们在发明技术，还是技术在改造我们？《黑客帝国》的预言会发生吗？技术已经掌控局面，但它的终点在哪里？

第九章 文化迷因：思想的传染性

传统的形成是为了重复已经在过去被证明是成功的东西，文化的传承严格遵循着迷因的规律；文化冲突是基因赋予我们的本能，也是迷因从有序到无序的需要；每个民族都有自己的文化属性，它为思想的传染和自我洗脑提供了土壤。

第十章 迷因与未来：看到人类的明天

在数据信息的进化中，人类文明会灭亡吗？互联网推动了商业的发展，但它是否还有其他目的？固有的阶层秩序正在解体，这其实体现了宇宙的意志；重要的是，我们正在失去昨天的身份认同；和信息相比，我们的力量太弱小了。

第一章

迷因：信息的复制、变异和演化

迷因的三个特点：复制、变异和演化；迷因是信息的动态演化，也是复合型生命，而人只是它的传播载体；信息的形态和组合方式在不断变化，人类的一举一动都受它影响；从本章，您可以知道我们身边都有哪些事情是迷因效应。

信息永恒

一切文明终将消失，万物衰亡之际，唯有信息依旧永恒。

一个下午，汉尼·弗里斯在向我讲述2015年6月1日希腊银行业出现挤兑时的情况："我见证了湖面从波澜不惊到惊涛骇浪的全过程。也许希腊政府应该向我颁发勋章，因为我可能是当天唯一没有取钱的人。相反，我还在柜台存了500欧元。"

最初的恐慌是由一份公告引发的，它被贴到了街上。弗里斯不确定人们有没有从别的渠道看到它，总之，它充满了恐吓的味道：希腊的银行马上就要关门了，下周末之前是最后的机会。如果你的账户中还有欧元，请尽快把它取出来。记住，不要给银行转移我们财产的机会！

弗里斯很快赶到了附近的银行。他并不是去取钱的，而是去存钱的。银行外面只有两台ATM机，但是ATM机前已经排了长长的队伍。人们的脸上写满了焦虑，每个人都像看到了末日一样。弗里斯嘟囔着："嘿，干什么呢？"有人经过他身边好心提醒他："快取光你的钱，别再傻了！"好吧，弗里斯知道这是一场战争，人们的恐惧被引爆了。他走进银行大厅，走向写有"存款"的桌子，填了存款的单子，成功地存入了现金。

弗里斯一边摇头一边说："事实上没有这种事情发生，我是指政府违约。但它确实有可能发生，不是吗？这就是问题的关键，人们已蓄满了担忧。这时只要一条信息，便足以引发全民挤兑。我早就料到了外面的景象，前一天还是风平浪静，第二天早晨银行就挤满了人。还有的家伙冒充银行职员，他们对人群嚷着‘雅典的钱已经全部流出去了’，就是这样的神情。人们全疯了。”他夸张地比画着，然后神情失望。

在大众聚集的行为背后，总有一些导火线。在迷因的世界，一条简单的信息被复制和传播出去，就可能引发无法控制的后果。这是我们永远无法避免的。弗里斯感到困惑，因为5月份他还在希腊的海滩上悠闲地晒太阳，享受幸福的度假生活。仅仅过了20天，他就要考虑购买一把枪来防身，甚至必须迅速离开希腊。

每个人的生活都在被信息推动着——就像大卫·米切尔告诉我们的，**人类被故事讲述，而不是去讲述故事**。但是，这没什么可以责怪的。故事正是迷因，我们只是它的载体，每一个人都是，毫无选择的余地。即便有忏悔的机会，也是在很久以后——当你回望过去时，可能某一瞬间会产生“我为什么做了那件事”的疑问。在银行挤兑潮和金融炒作的跟风行为中，你看到自己的行为模式充满了疑点。你能够感受到迷因的存在，但思维的理性终究是一个漫长的过程。

当谈到2011年的“占领华尔街”运动时，埃伦·兰格感兴趣的部分并非警察的清场行动是否造成了人员伤亡或者到底死了几个人，而是整个运动的发起和升级过程。他说：“一些互不相识的年轻人聚在一起，演变成了一场轰动全球的社会性运动，是谁导演了整个‘演出’，它又是如何谢幕的？”

加拿大的反消费主义组织Adbusters在观察中东地区的“阿拉伯之春”运动时，突然产生了在美国本土发动一场“华尔街之春”运动的灵感。推特成为了绝妙的动员工具，号召者开始发布动员：

你讨厌金融权贵吗？他们夺走了你的工作机会，掠夺了你的财富！

2011年9月25日，活动官网刊登了一份声明：“**99%的人不能再忍受1%的人的贪婪与腐败**。”这句激动人心的口号引起了所有纽约市民的共鸣。不少美国人从各地赶过来，他们不能容忍富人继续掌控穷人的命运。

9月17日，上千名示威者聚集到了曼哈顿，虽没有达到号召者期望的两万人的规模，但这个人数已足够制造巨大的声势。他们试图占领华尔街，有人甚至带去了帐篷和生活用品，扬言要长期坚持下去。占领计划准备持续数月，示威者希望政府做出改革，给年轻人更多的就业机会。10月8日，“占领华尔街”的抗议活动呈现升级趋势，最终席卷全美，以一种壮烈却无结果的形式结束。

为什么一句口号就可以集结如此之多的年轻人？除了“工作机会”这个对年轻人极具诱惑力的目标以外，召集信息的迅速传播和强大的煽动力是更加重要的原因——他们需要做点什么，来回馈这条信息。感同身受的年轻人纷纷行动起来，自发传播这条信息并且聚集起来。没有人强迫他们，也没有人许诺报酬。

那天，我和埃伦从互联网巨大的召集威力谈到迷因学。从旧金山、洛杉矶和北部美加边境赶往纽约的年轻人知道自己在做什么吗？义无反顾的“正义感”是如何驱动人们结成群体并感动彼此的？

他们和其他人一样，都被故事讲述着。Adbusters组织的群体领袖激昂地号召热血青年向华尔街的权贵讨回本属于自己的权利时，他们是否意识到自己只是信息的传声筒，只是迷因的一部分，并在不经意间帮助信息完成了复制和传播？

信息每天都在改变人的思维，它以变异、传播和扩张的方式永远守恒。

研究迷因，为我们提出了三个重要的问题。这也是我们应该认清的事实：

第一，信息不仅是知识，还是动员系统；

第二，每个参与传播的人都是自发的；

第三，迷因的触发，就连触发者本人也没有决定权。

这三个方面的事实是我们分析一切问题的基础。当涉及迷因和相关的信息时，你会逐渐发现，没有谁是无辜的，但同时又没有罪魁祸首。从街头运动到金融风暴，从华尔街到希腊，所有的风波都是信息的心跳。

迷因学不是现象学，而是思维学

在我看来，“被故事讲述”的人当然不应该受到责备，加入华尔街的拥挤人群释放激情、血性与悲愤的年轻人更不能成为我们谴责的对象。每个人都没有错，他们只是“身不由己”地参与了一场“信息变异”的狂欢。一些有煽动力的信息组合到一起，通过恰当的社会、经济因素成功找到了传播的突破口，借助就业困难的大学生掀起了一场失控的街头风暴。

冷静下来以后，人们从中能够体会到自己的思想是多么危险。经历了运动最疯狂时段的24岁的波士顿女孩海伦说：“当我回到公寓播放用手机录下的现场视频时，混乱的场面和此起彼伏的尖叫让我不知所措……我看到自己朝警察扔了一颗石头，不停地爆粗口……天啊，我到底干了什么？”视频中的海伦就像另一个世界的基因复制品，和看视频的海伦除了外形一模一样之外，没有任何相同之处。海伦开始反思并认识到一些危险的东西，她断绝了与组织者的联系，当天便搭车回到了父母身边。

迷因学不是现象学，而是一门思维学。在挤兑潮、跟风消费、街头运动及金融泡沫中，我们时时刻刻能感觉到它的存在——它以人的思维为主线，以类似电波的传播方式，将这个星球上的每个人都紧密连接在一起。就迷因学而言，信息的复制并不是由人推动的，而是它自主选择的结果。比如，没有政府和个人会推动“吸烟运动”，但全球烟民越来越多。吸烟的迷因是思维，不是现象。

还有一些虚假的迷因更加猖狂，它们是网络世界中天然的犯罪好手。它们挑拨离间，制造谣言，对散布怪诞、恐慌的信息得心应手，并且会在居心叵测的“**思维助力**”下迅速地传播。前几年，《纽约时报》的一项调查表明，竟然有73%的采访者真的认为奥巴马出生在非洲而不是夏威夷。他们懒得去用谷歌搜索一下，只是听别人这么说继而自己就深信不疑。这种误解似乎根本无法破除并快速传染，乃至成为一个迫切需要澄清的流言。

“奥巴马应该回他的非洲老家。”德克萨斯的农场主霍利克伯对着新闻镜头吼道，“为什么现在不呢？如果你是个爷们儿，就该马上买机票，不要再待在美国了。”

“嘿！这真是一则轰动的新闻。”负责这次采访的福克斯记者梅森皱起眉头。与肤色有关的消息似乎总能刺激到德州人的神经，传播速度和引发的效应都比东部地区大两个数量级。纽约人从不在乎美国总统是正宗白人还是从哪个地方来的小丑，但自以为保存了传统美国精神的德州人却非常敏感。他们成了迷因寄宿的绝佳工具。

在互联网空间，新的社交平台是迷因的宠儿，也是迷因的“新型孵化器”。就在去年——2015年的秋天，一个迷因曾经穿着“夸张的衣服”在Facebook上招摇过市：“本·拉登没有死，他就在曼哈顿。”不知道是谁第一个写下了这段话，但是很快人们就看到了它恐怖的传播效果。当天晚上，这个消息被转发、推送了40万次；第二天，纽约警方不得不出来澄清；第三天，整个曼哈顿有三分之二的人谈论到这件事。

人们将信将疑：

“到底怎么回事，那个炸掉双子大楼的坏家伙真的复活了？还是他的死亡本来就是一个假象？”

“如果他没死，谁在保护他？美国政府吗？”

信息的裂变释放出巨大的不可控制的能量。思维在自由的时空受到迷因的操控，扮演起了信息传声筒的角色。人们的讨论逐渐偏离了正轨，从本·拉登的死亡之谜到华尔街那些靠战争发财的财团，再到即将开始的美国总统选举，信息量越来越大。到后来，当地警局拘捕了这条消息的第一个发布者，才证实这是捕风捉影的猜测。

埃伦说：“我们为了解读这个信息付出了许多精力，我们都受骗了。”

说到底，对迷因的研究是一门可以促使我们自律与改进的思维学：

怎样从混乱的现象中看到事物的本质？这是困扰人类几千年的问题，许多现象迷惑了我们的眼睛。

所有的冲动行为的促因是什么？我们的身体为什么听从于意识？意识做出选择的凭据是什么？

真正的上帝既不是人，也不是生物圈，更不是达尔文的进化史观，而是信息。信息以类似基因的方式进化并保持活跃，它刻画了我们的思维，既丰富我们，又观察和操纵我们笔下的每一个字符，用以书写在它永恒的圣碑上。

信息和它的后代

梅森说，福克斯娱乐频道的节目组也曾经做过一个“传话游戏”。主持人让几个人站成一排，先由A向B耳语一句话，然后让B传给C，C再传给D，D再传给E……一共传了10个人，最后一个人再传回给A。结果A听了以后大吃一惊：“和我的原话完全不一样。”“传话游戏”的结局是“终点决定了起点”，而非人们传统认识中的“起点决定终点”。至于信息在传播中是怎样完全变样、大相径庭的，节目组没有深入讨论，只要台下的观众开心就行了。

这是司空见惯而又令人痛恨的现象，有谁没气愤地声讨过关于自己的宿舍流言和办公室八卦呢？传统上，我们称之为传播的**“扭曲效应”**，它往往发生在人的嘴巴和耳朵之间，信息在这一传播过程中出现了变形。一向公正的新闻媒体也会在报道和转载信息时扭曲事实。这一切都是由迷因决定的——信息的传播总是这样，它需要不同的“后代”来增加传播的渠道，它会尽最大的可能扩大信息量，这有利于信息的永恒。

在人的层面，信息传播的“扭曲效应”为什么不可避免呢？

1.“口头传播”的客观限制：基于理解和用词的不同，口头传播注定是不准确的。

2.“感情色彩”的迷因：人的感情倾向对信息传播的效果影响巨

大，喜欢它的人会夸大它的有益之处，讨厌它的人会夸大它的有害之处。不同的“感情光子”改变了信息的颜色。

3.“自我实现”的迷因：每个人都有自我宣泄与自我实现的需求，这是人性的基本特征之一。人们通过传播耸人听闻的消息来寻求刺激，使用夸张的表情和极端的语言来宣泄情绪，通过制造谣言来自我实现，这些都无可避免。

4.“想象”的迷因：无从查证和不确切的消息深受人们的喜爱，这样他们就会加入自己的想象，或按某种意愿对信息进行加工，也会为了取信别人而添油加醋。

5.“无聊动机”的迷因：空虚和无聊也是人们扭曲信息的动机之一。怎么才能打发时光呢？最好的办法莫过于加工和传播小道消息。这个过程让人感到满足，而信息也成功产下了自己形态各异的“后代”。

抽象王国的“子民”

生物学家雅克·莫诺在1965年获得了诺贝尔奖。他揭示了“信使RNA”在基因信息转录过程中的作用，并且提出了一个类比：“正如同地球生物圈立足于没有生命的物质世界，一个‘抽象王国’也将崛起在生物圈之上。思想就是这个王国的子民。”

今天，信息理论的发展使我们能够从全新的角度和更深的层次来重新认知生命：

- 生命只有“生物体”一种组成结构和活动形式吗？
- 判断生命的标准是否只有细胞、碳水化合物、神经元、呼吸和子宫这些实体的东西？

莫诺为我们指出了生命的另一种形式：具有自主变化和扩张能力的思想。或者可以说，思想具有强大的传染性，且是一个独立的自组织体。一个明显的例子是宗教思想对全球大部分人的影响力，宗教从出现之日起就表现出了无与伦比的传染性，且不受人的意志控制。如果思想本身不是生命，我们怎么可能会畏惧它呢？事实是，人类既依赖思想又畏惧思想。

作为著名的神经生理学家，罗杰·斯佩里也提出了类似观点：思想和供其栖身的神经元一样，是有力量的。他说："我们不能认为它们是一体的。思想引发了思想，并且参与演化出新的思想。它们和大脑的精神力量不是一回事，而是一个互动关系。在遥远的将来，思想还将借助通信技术与大脑中别的精神力量形成互动，与外部环境形成互动。到那时，思想将拥有前所未闻的优势。"

有一些结果是莫诺和斯佩里没有想到的，但他们做出了初步的预言。当思想随着科技的进步突破人体的物理限制时，接下来会发生什么呢？今天我们已经在人工智能的快速发展中看到了一种正在发生的局面：**思想离开人体后依旧如鱼得水，它不过是把载体从神经元换成电子元件罢了**。

这表明，"生物圈"的宏大概念又有了新成员和突破性的解释。基因编码不止存在于生物细胞的DNA内，还存在于信息之中。生物实体的内部也充满了信息，这些信息不停地复制、演化和传播着。对迷因的研究会促进生物学的革命，促使人类发现自己的脆弱。这一天迟早会到来。

信息悄悄地建立了和管理着一个抽象王国，它的子民——思想——已经拥有了有机体的一些特性，这是显而易见的事实。它保持着自身的结构，每分每秒都在繁衍后代，并将这些后代传播到世界的任意角落，参与物质世界的变化。思想利用人的活动对自己进行合并、分化及重组，更重要的是它能演化出新的内容。这是思想进化的方式。其中，**人的选择扮演了重要的角色。不同的选择产生了不一样的迷因，对人类社会构成了相应的影响**。

思想是信息的不同组合方式。信息是永远守恒的，信息的总量不会改变，改变的是信息组合的幅度和规模——它会发生潜在或明显的能级跃迁，有时变得让人感到陌生。思想就是在这种不同级别的信息组合中被生产出来的，我们称之为“创造”。几千年的思想史，就是信息运用组合工具为我们变的戏法。很难接受吧？可它的确如此。许多我们觉得是由人类创造出来的思想，本质上只是信息的一次能级跃迁而已。在抽象王国的世界，这一幕时刻都在发生，问题是我们有没有意识到。

无穷无尽的“信息生命”包围了我们。现在，我们的生活被技术牢牢地包围着，技术成了人类最贴身的伴侣。从手机到IPAD，从汽车的智能导航到等离子电视，从健身软件到互联网，技术为我们打理着日常生活。人们活在信息的海洋中，发短信，打电话，搜索和浏览新闻。信息泛滥成灾？不，这些信息本就存在，只是技术的进步加快了它的传播和演化。当你开始试着理解信息在生活中的作用时，也许会有一个疑问在脑海里一闪而过——到底谁才是你生活的主人呢？

复制我，传播我

人是信息忠实的仆人。

和莫诺的宏观预测不同，道金斯从微观层面对信息的本质和演化进行了更深刻的阐释。在他看来，从基因的演化到信息（思想）的演化，真正的主角是复制因子（replicator），即本书的主题——迷因的属性。

道金斯认为复制是演化的基础，传播是演化的工具，这正是复制因子的基本特点。在这个过程中，核糖核酸不再起作用，生命是由神经元还是电子元件构成的并不是必要条件，甚至无关紧要，复制和传播才是大自然的属性。

他说："任何生命的演化都是通过复制实体的差别性进行的，有生命的地方就必然有复制因子。这根本不需要化学进程。"在自己的第一本书《自私的基因》（The Selfish Gene）中，他宣称："作为一种新型的复制因子，它就当面盯着我们呢。它可能还处于幼年时代，仍然在一种原始的'汤'中笨拙地漂流，但它发展演化的速率足以让我们熟知的老式基因望尘莫及。"

道金斯为这种新型的复制因子起的名字就是迷因。他提到的"汤"是我们人类的文化——文化作为迷因的环境和载体；它的传递媒介是我们的语言（信息工具）；而它繁育壮大的场所则是我们的大脑——人类的大脑是迷因绝佳的“策划密室”。

新型的复制因子

迷因成了道金斯一生最重要的发明。随着互联网技术的发展，他的很多论断不断得到验证，越来越多的人意识到了迷因的存在。因此，许多人从他的《自私的基因》一书开始延伸自己的思考，希望了解迷因究竟如何控制我们的生活，并影响着每个人的未来。

1. 大脑中的“迷因池”：

A. 思想不仅可以复制，还可以模仿。

B. 迷因从一个大脑进入另一个大脑，从而创造思想，影响行为。

C. 我们的大脑中都有一个“迷因池”，迷因在其中繁衍生息。

2. 迷因的相互竞争：

A. 大脑的资源是有限的，所以不同的迷因之间会展开竞争，争夺寄存空间。意识、时间和行为最受迷因的青睐。

B. 注意力是迷因最宝贵的财产，也是它们主要的竞争焦点。流行文化和眼球经济不正是注意力的集中表现吗？

C. 生存的意志是迷因。人们争夺生存空间和提升生活品质的机会，如工作、商业订单、大房子、绿卡、美丽的女人、长得帅的男人，都在竞争之列。

3. 思想的迷因：

A.“迷因池”产生思想；思想不断地兴起，也有可能迅速衰退、消失；原创的和复制的思想在传播中没有区别，不管它们看起来多么伟大，本质上都是信息在“迷因池”中组合而生。

B.信念是什么？比如对上帝的信仰、对皇帝的忠诚、对企业的归属感、对亲人的依赖，都是信念。它是一种古老的思想，而不仅是单纯的情感。这种古老的思想在历史、教育、家族、艺术等“迷因池”中不断复制自己，再代代相传。

4.“真实”的迷因：

A.“真实”是迷因的品质之一。迷因从不对自己说谎，就像潜意识从来不会自我欺骗一样。但它们都会欺骗我们的意识。

B.“真实”只会在符合基因的自私性时才能显示出来。比如人们追逐财富的动机和对权力的贪婪，它们会肯定地告诉你应该这么做。

模式化的传播

迷因的传播结果是失控的，就连始作俑者也无法预料，但它的传播方式是有迹可寻的——而且一直如此。“击鼓的人，不知道鼓声能传多远”，这是非洲刚果地区的一句著名谚语。你当然不知道自己制造的声音可以传多远，难道不是这样吗？可是，我们一定知道如何才能击打出让人印象深刻的鼓声——只有悦耳的鼓声才能传得更远。

我们去那些偏远地区旅行，比如埃塞俄比亚、西非、中国的新疆等，那儿有很多奇妙的曲调已经传播了数个世纪。它们听起来都是简短的音符，三两句话的哼唱音调，但却成了当地的标志。每个地方都有自己的流行语，这些流行语的共同点便是动听、简短和容易记忆。这就是传播的模式：

它一定是简单的、便于记忆的；

它必须有特殊的寓意；

它满足了某个群体的期待；

它悦耳动听，至少是大脑喜欢的节奏；

它还得符合情理，因为情理正是迷因的一种逻辑；

……

这些特点非常符合人性，信息当然不会放过如此便利的传播方式。迷因喜爱模式化、节奏化的语言，这有利于迷因的传播，也是“适者生存”法则的充分体现。信息也会自我淘汰，它会把难以模式化传播的内容剔除出去，或者对其进行改造。例如，微博上每天都有数十万条140字的箴言，但推到首页的才有几条呢？被埋没的信息不是出于人们的选择，而是迷因自己的选择机制让它们沉下去的。奇妙的是，“适者生存”本身同样是一个在大量传播中变异的迷因，全世界的人都知道这句话——所有的场合都引用它，并且还衍生出了其他东西，变成了一种文化现象，像“智者生存”“懒者生存”“代码员生存”等。

1. 你还记得那些陪你一起长大的流行语吗？

多数迷因只能存在很短的时间，仿佛一朵海面上的浪花，跃起然后落下，消逝融合在迷因池中。但是，当迷因借助一些特殊的工具——纸张、音乐、影视剧、小说等，遇到特定的环境时，它就获得了长久的寿命，成为陪伴我们长大的流行语。

在数字网络急速扩张的今天，流行语的传播速度、规模和引发的效应都到了让人眼花缭乱的地步。这样的迷因既可以是一个段子、一个小故事、一种技能，还可以是一个字、一句话乃至一种席卷网络和我们现实生活的流行时尚。像“我是来打酱油的”“你妈喊你回家吃饭”等，都是流行语传播的经典案例。

2. 口耳相传的模式。

效果远次于流行语的传播形式是人和人之间的口耳相传。我说一句话，你告诉第三者，第三者继续传给别人……它需要一定的时间来聚集规模，形成广泛的效应，但它的消逝时间很快。一个小道消息如果不能在第一周引发较大的反响，它会在第二个周末到来前销声匿迹。

口耳相传的形式有一个劣势：大脑对押韵和节律的要求决定了人们只能记住只言片语，或者是比较劲爆的内容。但后者往往又具有时效性，经不起大脑长时间的消费。失去新鲜感后，这样的信息也就出局了。

可以说，模式化传播的基本要求（简单记忆、动听押韵、符合情理和节律等）有助于迷因的进化。正如老虎在森林中会变得越来越有力量和速度一样，利于生存的特点会在进化中得以强化。

"我相信，当条件合适时，复制因子将创造这种模式化的系统。"埃伦说，"我认为迷因可以运用自己的传播系统和规则，来促进信息的复制和演化。"在我看来，还有一个事实是埃伦没有说出来的——**迷因是有意识的行动者**，它自然会选择能够增强自身利益的传播方式，从而形成富有个性的信息组合，并为了它自己的原则而战。

只不过，迷因的原则不一定符合我们的利益。

迷因何以成功

这个问题的本质与弗里斯在希腊银行的门口产生的困惑是一样的："恐惧的迷因何以促成了疯狂的挤兑行为？"一个利于我们思考的角度

不是“**行为**”，而是“**需求**”。“直立行走”的迷因让人类告别树上生活，逐渐进入部落文明，是因为人类需要走出森林寻找食物；“钻木取火”的迷因让人类发现并学会利用火，是缘于人类需要火；“穿衣服”的迷因让人类学会了制作各式各样的衣服，是因为人类的羞耻心及御寒的需要。

在有强烈需求的环境中，迷因的进化和基因一样不可阻挡，它能够作用于周围的世界，推动新兴事物。在一些情况下，它改变了外部条件，和我们形成了良性互动。这恰好是迷因积极的一面。挤兑行为的背后依然是需求，人们对银行倒闭的恐惧和对金钱的需求，决定了短时间几百万希腊民众冲向银行提取现金的举动，从而引发了社会震荡。

1. 和基因的分道扬镳。

正如上面所说，有一些迷因对人类显然是有好处的，像饭前便后洗手的习惯、人工呼吸的抢救知识。但迷因的成功和基因大不相同，它们不是一回事。基因的总体目标是推动人类的壮大，它努力保护人类的生存，迷因的复制却可能伤害到人类，比如病毒、战争、邪术、极端宗教和金融危机。

演化生物学家贾雷德·戴蒙德在他的《枪炮，病菌与钢铁》（Guns，Germs，and Steel）一书中，用一个动物细菌的例子列举了一些有害迷因是如何戕害人类文明的。

有些成年人会从我们的宠物那里得到传染病，儿童得到这种传染病的甚至更多。这种病通常是一种小小的“不舒服”，但有些也会发展成严重的大病。整个近代史上人类的主要杀手是天花、流感、肺结核、疟疾、瘟疫、霍乱和麻疹，它们都是从动物的疾病演化而来的传染病。奇怪的是，引起我们人类的流行疾病的大多数病菌如今几乎只局限于在人类中流行……

关于病菌的历史作用的最让人畏惧的例子，来自随同哥伦布1492年的航行而开始的欧洲人对美洲的征服。尽管杀人不眨眼的西班牙征服者杀死的印第安人不计其数，但凶恶残忍的西班牙病菌杀死的印第安人却更多。为什么这种可怕的病菌在欧洲与美洲之间的交流是如此不对等？为什么印第安人的疾病没有大批杀死西班牙人并传回欧洲、消灭掉欧洲95%的人口呢？……

因此，人类疾病源自动物这一问题是构成人类历史最广泛模式的潜在原因，也是构成今天人类健康的某些最重要问题的潜在原因。请想一想艾滋病吧，那是一种传播速度非常快的人类疾病，但似乎是从非洲野猴体内的一种病毒演化而来的……

为什么有些细菌的演化是为了让人类生病，有些细菌在我们体内却起到保护肠道、有助健康的作用？把细菌划分为两大敌对阵营的迷因是什么？在这里，迷因和基因走上了不同的道路。在《失控》（Out of Control）一书中，凯文·凯利也表达了同样的观点：迷因继承了基因的复制逻辑，但发展出了独立的演化体系。

戕害宿主的迷因遍布我们的生活，它甚至完全违反基因的命令——它可以战胜基因的自私性。比如，怀揣炸弹去攻击美军岗亭的自杀式袭击者的动机是什么？这才是最有意思的话题，“在天堂得到回报”的迷因就是用这个理由说服基因的吗？我们也许能够从本书的第九章中得到答案。

2. 简单的模仿——越简单越有效。

迷因首先是简单的模仿行为，它只需要很简单的模仿行为就足以复制和传播任何信息。这就是它为什么能够成功。它甚至不需要语言，也不需要声音。比如，早在没有文字沟通的原始社会，一切生活经验和生存技能就已经开始了代代相传。一个人学会生火后，其他人可以通过模仿迅速将其传播到附近的部落；制造工具的技术也无需写成一本书，人们通过眼睛的观察就会很快习得并把它传播出去；模仿其他人类和动物的行为，更是像吃饭、睡觉一样简单。

越简单的迷因越有效，模仿难度决定了迷因的传播效应是大还是小。当语言出现以后，文化随之出现。这时，迷因的传播就不再只靠模仿这一种方式了：语言催化了文化，同时也帮助迷因超越了纯粹的模仿，使它能够通过抽象化和编码的工具获得复制和传播。为什么大量的成语都出现在古代？为什么绝大多数神话故事都出现在人类文明早期？因为那是迷因借助语言进行传播演化的高峰期——它形成了人类对数千年前的自己童年时代的印象。

3. 情绪的感染——情绪可以带来爆炸式的信息传播。

1730 年，英国诗人詹姆斯·汤姆逊写道："凭借彼此相望的目光，恐慌在人群里传染。"恐慌是一种能够传染的"疾病"，而制造恐慌情绪的主体就成了迷因。迷因无比喜爱情绪，因为**情绪（群体性癔病）**往往可以产生爆炸式的传播效果，它能制造、推动流行，能造成股市的疯涨或暴跌，能引发战争和全球性的经济危机，能引领人类社会的风潮。

还有什么比情绪更能吸引人的呢？迷因化身为一段美丽的曲调，让人沉醉其中，满大街都是这张唱片的歌声；迷因变成一种习惯、一个手势，希特勒的举手礼让那个时期的德国人为之癫狂；迷因寄宿于玛丽莲·梦露的笑容和她飞舞的裙子，那是燃烧着欲望的、富有感染力的火焰，感染了整整几代美国人。

前几年，芝加哥有一位街头演讲者伊夫林引起了轰动。伊夫林是心理学博士，在当地开了一家心理诊所。开业之初，他的生意很差，很长时间内都没有一个顾客。他就跑到街头，在人流量比较大的地方搭了一个台子进行演讲，告诉人们自己的诊所是干什么的、有什么优势。他说："我并不在乎有多少人会听到，300个人驻足倾听？这很好，但只有1个人我也不介意。"

情感是决定鼓声能传多远的迷因，至少伊夫林是这么认为的。他把每一次演讲都看作一次敲鼓。于是，随着他深情的演讲，越来越多的人认识了这位知识渊博的心理医生。当地电视台闻讯前来拍摄，他的诊所也很快就人满为患。

擅长利用**情绪感染力**的人总是更容易成功。伊夫林的真诚让听众受到了启发，他们会主动将这个信息分享给自己的亲戚、朋友。每个被他感染了的听众都免费替他做广告，这就是分享的力量，更是迷因借助情绪发动的一场"病毒式传播"。

4. 病毒式传播。

就像伊夫林打响招牌的故事一样，迷因也是"病毒式传播"背后的推动者。特别是在电子传播时代，迷因成功地把"传染"的特质输入到了各种电子设备和互联网平台中——它已经接手新技术平台的主导权，用信息覆盖了整个世界。

时光回到1981 年，在普遍的互联网技术出现之前，就有人预见到了今天会发生什么。纽约人斯蒂芬·沃尔顿是道金斯的读者和崇拜者，他首次提出了"病毒式语句"和"病毒式文本"这两个术语，并写信给《科学美国人》杂志的专栏作家侯世达，宣布自己的观点。

沃尔顿提出一些可以自我复制的句子（这些句式具有简洁、便于记忆等特点，类似于"复制我，传播我，你便心愿得偿"这样的模式），其中就包括“病毒式文本”这个词。至少侯世达成为了第一个感染者，他很快便在杂志上发布了这个词语。现在，它不仅预言成真，而且疯狂地借助新的传播工具在信息领域和思想的“迷因池”中以指数级的速度繁衍。

当时间来到2016年，人类进入全球性的即时传输时代时，信息瞬间就能抵达这个世界的任意一个角落，迷因的传染性才真正被开发出来——不，是被解开了绳索，释放出了无限的能量。

这是一个光怪陆离的时代，信息就像病毒一样在人们的或主动或无意识的参与下扩张和膨胀。病毒式的电子邮件、营销方式、视频以及网络广告……互联网平台成为了迷因的最佳媒介，它串联起了每个人，通过网络在人们的大脑中出入自如，调度与支配着我们的注意力。每时每刻都有迷因在对你说：“快，复制我，传播我！”

谁才是你的主人

谁才是你真正的主人？你的身体、意识，还是思考的结果？人类就像渺小的细菌，终于发现显微镜的存在，开始了对神的试探。

我的一位朋友最近疯狂地爱上了手机游戏，每天都要在上面浪费掉3到5个小时。有时我给他打电话，他会用一种急迫的声音让我等会儿再打过去："啊……不好意思，先挂掉，等我5分钟。"奇怪的是，他之前是一个极为憎恶游戏的人，他最痛恨的便是下属在上班期间玩电脑游戏或者摆弄自己的手机。

卡莱茨教授是这样总结这种现象的："我不知道你是怎么想的，反正我也可能爱上手机，也许我已经爱上它了。之前我像他一样非常不屑于电子设备，我认为那只是一个比较便捷的通信工具而已。但是不知道从什么时候开始，我不再讨厌手机和平板电脑了。技术怎样征服了我？如果是信息开发了新的技术来让我喜欢它，是不是可以这样说，我们的大脑不过是一个'粪堆'，为信息提供营养，让信息的幼虫得以成长，然后再把它们的复制品散播出去，感染更多的人，让他们爱上手机游戏这种特别无聊的事情？"

按照卡莱茨的分析，不管喜不喜欢，人类很少能够说了算。至少在自己的意识上，**我们败给了手机**。“玩手机游戏”的迷因不知不觉地感染了最顽固的群体，就像一段著名的诗歌写道的：“思绪在不眠之夜涌入我的脑际，我不知道它们从何方而来，到何方而去；我不知道，也与此无关。”这段诗歌本身和手机游戏一样，从它开始传播时，就已经拥有了自己的生命。

人们对手机或电脑游戏这个新型的前所未见的“传染病”并非没有抵抗，它至少让我们觉得不舒服。有谁愿意把自己每天三分之一的时间和大半精力都放到这些“没有意义”的事情上呢？然而，抵抗的结果也许是，我们在警惕电子设备侵吞宝贵的时间时，发现自己已经成了迷因的傀儡。

我们是信息的宿主

这是一个让人很不舒服的论断。就像加拿大著名女作家玛格丽特·阿特伍德写道的：“所有的知识都是一样的，你一旦掌握了它，就想象不出在掌握它之前是什么情形……在你掌握它之前，它就已经发生在你面前，而你当时却正看向别处。”这说明信息早在我们注意到它的力量之前，就已暗中主宰我们的生活。

“太初有信息，言语是后来才出现的。”哲学家弗雷德·德雷特斯科于 1981 年这样告诉我们。信息是独立的、比人类更强大的生命，它以信息种族的生存和延续为目的，并能很好地利用一切工具（人类和技术）的发展来促成这一目标的实现。它们肯定会选择有机体（人）来充当宿主，这样它们就可以灵活地、低成本地完成复制和传播。

起初，道金斯只是把人的大脑视为迷因的宿主，但互联网的出现让他有了新的认识。他在《自私的基因》第二版中写道："我们很容易预见到，电脑最终也会成为可以自我复制的信息模式的宿主。"他认为，信息从一台电脑转移到另一台，通过电子邮件的交换实现连接，然后互联成网，这是信息实现自我复制的**最完美的环境**。

从互联网发出第一声啼哭起，人类社会的很多事情都已经被改变了。它不光改变了我们的生活和工作方式，还打破了我们的很多固有认知。几千年来，我们无比确信人是自然界的主人，但是现在，信息才是。信息借助互联网生出了翅膀，而迷因和信息的结合彻底颠覆了人类社会的常识，我们必须由此开始反思自己的行为。

2014年，美国中央情报局负责情报分析的电脑系统提供了一个信息。电脑对多处监控地点的情报分析展示了一个结果：那里有些数据变得不正常了。这只是一个情报信息，没有人发出具体的指令，但是华盛顿派了两个批次的特工去到阿富汗进行调查。他们最后无功而返，告诉人们这只是一场虚惊。

"是情报在支配我们，还是我们在支配情报？"情报委员会发邮件过来抗议，"为什么没有人发现电脑的错误？"但是当事者都清楚地知道，如果不遵从电脑的错误，就将实际地威胁到一些部门经费的获取。

情报与经费的关系，不正是这些精英的情报人员甘心接受荒谬现实的迷因吗？作为受到电脑信息支配的行动工具，他们和那些电子元件有什么区别呢？

奴隶在歌唱

芝加哥的文化中心有无数的夜总会和酒吧，这里每年都有很多场免费的室内音乐会。当音乐会开始时，你只需点上一杯酒，就能享受免费的音乐表演。其中最有名的是一个叫作Lee’s Unleaded Blues的布鲁斯酒吧，由于这里有雷鬼乐队的演出，埃伦·兰格便成为了这里的常客。他开车从洛杉矶出发，跨越整个西部，来到这座美国的中心城市，就为了能一边品酒一边欣赏雷鬼乐队的R&B音乐演出。

有一次凌晨5点多，埃伦醉醺醺地打电话把我叫醒。我听得出他喝了很多酒，应该也抽了不少烟，嗓音都变了："你真该来看看这个地方，就像地狱一样。"他一连重复了十几遍我才听清，因为电话中充斥着电子音乐和人们狂欢的叫声。我大声说："埃伦教授，你不要再喝酒了，赶快出来呼吸一下新鲜空气吧！"

埃伦再也没有去过酒吧，那是他最后一次。他在写给我的邮件中说："看着眼前跟随劲爆音乐疯狂起舞的人们，我忽然有一个疑问，他们知道自己在干什么吗？为什么深夜的音乐和酒精有这么大的魔力，让人们陷入集体忘我和癫狂的境地？"

人类是快乐歌唱的虫子，还是用舞蹈为音乐助兴的奴隶？两者似乎都不重要，因为无论哪一个答案，都会伤害我们的自尊。作为生物圈的老大，人类已经习惯了主宰这个星球，没有人愿意接受这样的观点：在我们的头顶还有一个"信息圈"的存在，而且它就像幽灵一样，决定着我们的思维和行为模式。

在对待信息和技术的态度上，我们一直超级自信，就像对待圈养动物一样对它们评头论足，用冷嘲热讽的语气定义不同信息的用途：音乐、舞蹈、文字、油画、视频、电子信号、传导器、CPU等等，好像我们无比熟知它们的本质。可是，当年轻人听到打击乐、喝下大量酒精、连续跳几个小时舞，当一个恶作剧成为几千万人数月的谈资，当射向弗朗茨·斐迪南大公的那颗子弹引发第一次世界大战时，我们是否还有足够的底气确信人类是自己的主人呢？

埃伦对酒吧文化的观察一定有益于他社会心理学课程的研究。不过，我在回复他的邮件中引用了卡莱茨教授的一段话：“**在迷因面前，我们可能只是‘渺小的细菌’，就好像终于发现了显微镜的存在，试图开始对神的试探。**”

积极的迷因和消极的迷因

迷因是精神寄生者。

对无神论者道金斯而言，迷因的某些有害性让他不安——迷因包括与信息有关的任何东西，从歌曲、文字、动作、表情到宗教理念、神话故事，都可能构成一个迷因。它既能复制和传播，又能变异和演化，还会为了争夺我们的关注而竞争。自私的竞争总是产生难以预料的破坏力。

每一种迷因都希望赢得这场竞争的胜利，从而主导人的意识，获得最大的关注。迷因就像潜藏在我们意识层面的病毒一样，具有相当强烈而无法阻止的传染性。它一旦成功主导人的意识，就会以指数级的速度增长，就像每年都会在全球爆发一次的超级流感一样。

有时是良性的迷因取得了胜利：

朗朗上口的歌曲，传递着生活的积极价值；

朝气蓬勃的舞蹈，像《小苹果》一样，掀起了全民歌舞潮；

《常回家看看》等春晚流行曲，唤醒了人们对家的向往。

有时是恶性的迷因大获全胜：

早期基督教的禁欲思潮一度对妇女造成迫害；

追涨风促成了股市的周期性崩溃；

石油定价权的争夺推动了两次伊拉克战争的爆发。

禁欲主义对基因是相当有害的，但它真实发生了。这充分说明迷因与基因是大不相同的，虽然迷因具备了基因的“复制链”特征，可**它并没有自觉的动机。它不会想着“我要保护人类”，人除了载体功能外，对它没有特定的意义**。

因此，道金斯不无担忧地提醒我们，迷因寄生在我们的脑海中，并且暗中驱动着我们的行为，它既可能是一篮子圣诞苹果，也可能是一把伤人的匕首。这使我们至少感到一丝安慰：人类意识可以控制迷因的影响，而这取决于我们自己的态度。你希望得到苹果还是匕首呢？

就像上帝掷骰子一样，我们有50%的概率能够开发出迷因积极的作用。

迷因的二元性

作为心理学家，埃伦·兰格长期关注“**人的不同选择对心理成长的影响和对情绪的塑造**”。他说：“无论如何，积极与消极总是取决于我们自己的内心。用什么样的态度对待生活，你是拥有决定权的，关键是不要被那些负面的东西乘虚而入。它们会抓住一切机会，试图潜入你的意识。”

就像上面说的，迷因既可能是积极的，也可能是消极的。消极的迷因会想尽办法植入我们的头脑，支配我们的行为，使我们表现出极端的情绪和行为模式。迷因本身是中性的，它不分善恶、没有好恶，如果我们任凭它自由发挥，而不去主动挖掘它的积极价值，我们将从迷因学的研究中一无所获。

作为著名的哲学家和神经科学家，丹尼尔·丹内特写过很多关于进化的书，这些书探讨的是进化论对于人的思维模式以及自由意志的影响。他在自己的著作《意识的解释》（Consciousness Explained）中谈到了迷因，并且重点提到了迷因“消极影响”的一面。但他并没有悲观地认为人类只能不可避免地成为迷因的奴隶。他写道：“我不知道别人是怎么想的，反正从一开始我就特别不欣赏这种观点，今后也休想让我改变看法。如果我的大脑缺乏自由意志，全是外来的意识和观念在其中更新，我们生存的目的是什么？”

与同是无神论者的道金斯不同，丹内特重视人的选择（自由意志）在进化过程中的积极力量。相比基因的不可干预性，我赞同丹内特的视角——迷因必须借助人的意识进行传播，而意识的本质之一就是“我们能够自由地做出选择”。

1. 现象。

奇妙的团队氛围——迷因是怎样从你的大脑向另一颗大脑跳跃传染的？

人的一个想法从星星之火变成燎原之势好像只需要几微秒的时间，一个人将这一想法传染给另一个人也不费吹灰之力。迷因轻而易举就能成为办公室的“美人”，因为它像天然存在一样，当团队成立之初它就出现了，而且一直主导着团队的气氛变化。

为什么不同的团队有着不一样的氛围？想一想它是怎么发生的。

毫无预兆的争吵——有一搭没一搭的对话也有可能变成争吵，是谁点燃了双方的怒火呢？

有时候你会遭遇到莫名其妙的情况，明明是非常顺利的谈话却突然演变成了一场失控的争吵，两个人的关系顿时变得不那么友好了。等冷静下来之后，你会发现那只是一个很小的问题而已。这种情形经常发生，以至于我们常常怀疑是不是对方在针对自己。

为什么潜藏在人们内心的些许不满会在你猝不及防的时候爆发出来呢？到底是谁点燃了它的导火线？

演讲的煽动力——为什么困境中的马云能够激发下属的斗志？

阿里巴巴的创始人和董事局主席马云是一个商界的传奇人物，他在下属的心目中有着极高的人格魅力。在公司起步的时候，阿里巴巴遇到了前所未有的困难，就连员工的工资都发不下来，马云却能通过一次简短的谈话迅速激发下属的斗志。他们不但没有离职，反而比之前更有干劲了。

为什么平庸的管理者无法像他那样用积极的正能量感染团队？这背后的迷因又是什么呢？

一张改变命运的照片——儿时的照片是怎样彻底挽救失足青年的？

1992年，在洛杉矶警察局，汉姆警长把一张照片送给了已经被拘押数小时的年轻人扬克。那是扬克1岁时的照片，照片中的他正躺在医院的婴儿床上。护士拍摄这张照片时，扬克的母亲因失血过多刚刚被宣布死亡——她推着婴儿车过马路时遇到了车祸，为了保护年幼的扬克，她选择了牺牲自己。这张照片彻底改变了扬克的命运，从警局被释放后，他就像换了一个人。15年后，当再次见到汉姆警长时，他已经变成了一名成功的商人。

一张有特殊意义的照片如何影响了一个人的思维，让他从此拥有了全新的思维和行为模式？为什么十几年的学校教育和严密的劳教体系对人的塑造比不上一张照片？

2. 策略。

尽管对“消极预测”不太感冒，丹内特仍然是迷因理论的支持者。他坚定地认为迷因是推动进化的主要力量之一，比如文化的繁荣和人类繁殖力的降低，都是迷因的一种表现形式。同时他说：“**迷因是一个精神寄生者，但不是主人**。”从这个角度理解，如果迷因在创造和驱动我们，那么我们就是自己的迷因，而不是支配和被支配的关系。

丹内特当然也认识到了并且赞同迷因的这种“二元性”，只不过，他指出了积极的方向。乐观的人是令人尊敬的，这正是我们未来的希望。这意味着，我们获得了一个深入开发迷因并为己所用的策略，虽然它依然十分复杂。

和基因相比，它令人失望

2015年底，在FBI华盛顿特工培训学院工作时期的老上司哈罗德发来一组总量超过2000张与叙利亚战争有关的照片，这其中就有那张著名的被冲上土耳其海滩的3岁男孩的溺死照。结合我最近的研究，哈罗德在邮件中提出了一系列的问题跟我探讨：

令人心痛的照片引发了人们对战争的谴责，还是对战争的恐惧？结局是战火熄灭，还是难民涌入欧洲？欧洲决定开放国境线的迷因只是一张照片吗？战争在这个世界上每天都在发生，为什么只有中东地区注定会永远混乱下去？造物主控制地球人口的背后逻辑是什么？

和基因相比，迷因在大多数层面显然不可避免地让我们失望了。3岁男孩的海滩溺死照一夜之间就引起了全世界对难民潮的关注，这本来是不幸中的万幸——人们终于能够对那个地狱般的世界正眼相看了。但是问题并没有解决，在不同国家的争吵中，迷因在继承基因“复制链”特征的同时，还放大了它的“自私性”。

2011年5月21日，一个名叫莱特尔的男子喝醉了酒，在距离南加州大学300米的一处临街绿地中无意拍下了女孩艾米莉和男友约会的画面。他随即把照片上传到了社交网站，并加了一句戏谑的标注：“她今年12岁？”

莱特尔一定没有想到这个消息的后续发展有多么可怕，否则他会在按下发送键之前再考虑几分钟，或者干脆删掉照片，不干这种蠢事。第二天早晨，他惊讶地发现已经有超过10万人关注了这条消息，人们纷纷给他留言追问事情的细节：

嘿，小伙子，你在哪儿拍到的照片？

美国到底怎么了？这么小的姑娘就开始约会！

如果她是我的女儿，我一定将她逐出家门！

快找到她父母，这样下去还了得！

我看她男友像“五金党”的漏网之鱼，警察为什么不管？（注：“五金党”是洛杉矶一个有名的犯罪组织，2010年年底，洛城警局宣布抓获了该组织全部成员。）

……

几天后，艾米莉的个人信息被“人肉”出来，包括姓名、年龄、家庭住址和学校名称等详细的内容。这时人们才发现，原来艾米莉已经23岁了，并不是莱特尔在发布消息时用怀疑的语气标注的12岁。于是，新的讨伐又开始了，只不过对象换成了莱特尔：

你是一条可耻的狗，快告诉我你住在哪儿，我要一枪打爆你的脑袋！

你应该道歉，因为你伤害了一个无辜的女孩。

我看你才是罪犯，快点去自首吧，白痴！

我要烧死你，可恶的家伙！

……

莱特尔被网友命名为“专门偷拍年轻女性的偷窥狂”，他的照片在脸书、推特和其他网络社区被到处转发，一时间网络上全是他的名字和事迹。人们组建了很多联盟、小组来商讨打击他的计划，并为他起了很多外号。他的事迹还衍生出了大量的改编版本——偷盗女性内衣的变态狂、变性的囚犯、没有胆量道歉的歹徒、警察局的内奸（用来讽刺当地警局糟糕的办案效率）、夜色中的狗（攻击深肤色的外来移民）等。这件事儿还吸引了主流媒体的关注，登上了许多电视新闻的头条。

正像可怜的艾米莉在浑然不知的情况下遭遇到的舆论打击，自私的迷因聪明地利用了事态的转变，扩大了事件的影响力，并使得信息的负面传播更为容易和快速，从而引发了极为轰动的效应。但是到最后，我们发现事件的演进很难为人们提出积极的解决方案。

和丹内特的乐观预测相比，这个结论是消极的。然而重要的是，怎样从迷因引发的各种现象中找到一个正确的思考路径：**如何才能杜绝自私的迷因带给我们的附加伤害？**

第二章

迷因关系学：战胜根深蒂固的自私

迷因和基因既有相同之处也有不同之处；从迷因学的角度，我们可以看到人性的进化逻辑，发现人类社会演化的根本规律；人类的社会关系与行为模式也受到迷因的影响；或许，今后你不会再对一个陌生的自我感到惊讶。

为什么“好人”越来越少

成为“坏人”的成本更低吗?还是“好人”的基因被消灭了?

为什么“好人在灭绝”成为人们的担忧?

为什么“好人”越来越难做,“坏人”到处都是?

人们选择成为“好人”还是“坏人”的理由是什么?

我不止一次听到有人向我抱怨:“人和人之间越来越缺乏信任了。我不敢帮助路人,生怕他们骗我。”**“马路碰瓷”现象是促使人们集体变坏的迷因吗?**在中国待过26个月的玛蒂并不奇怪有些人不再助人为乐,因为华盛顿、奥尔良和美国的其他地方每天都在发生同样的事情。她说:“信息技术使社交越发透明,人的危机感就越严重。人们互相猜疑,源于内心强烈的自卫意识,他们守卫着仅有的自主权——当‘好人’或‘坏人’的权力。我认为这是不可忽视的现象。一些‘好人’上当受骗的新闻让这件简单的事情变得复杂了,这些信息的传播加剧了人们的恐慌,最终每个人都缺乏爱心,从‘好人’变成了‘坏人’。你在媒体上经常可以看到老人倒了却无人去扶的报道。”

人际学专家喜欢鼓励人们从自身寻找问题,却很少提醒人们思考问题的本质,就像人们总是建议我们修补漏气的车胎,却没有人提醒我们留意路上的钉子一样。要知道，**自私性就是上帝撒在路上的钉子，它是随机出现的**。

趋利避害的本能是由基因决定的，我们不仅极度敏感，生怕自己受伤害，而且往往以别人的痛苦为乐。邻居的悲剧有时让我们莫名开心——隔壁邻居家的孩子没有考上知名大学？这真不错！肯定有人是这么想的！只要不伤及自己的利益，孤立的消极事件竟然有可能成为制造快乐的迷因。

还有些情况也是基因的自私性在起作用：

- **我们看到有人遇到困境就落井下石。**
- **我们看到有人过得比自己好就有嫉妒的心理。**
- **我们看到有人信心满满就想打击他的“嚣张气焰”。**
- **我们看到别人伤心难过就幸灾乐祸。**

诚如道金斯所说，人类的基因有天然的自私性，为了在竞争中取胜，它们不择手段，这自然表现在人与人的关系中——人际关系的本质是竞争，而竞争的第一目标就是满足基因的需要。因此，黑人和白人的冲突、路边假装受伤骗取钱财的老人、车祸近旁冷漠的看客、巴尔的摩现场执法的国民警卫队，他们的作为没有本质的区别。

彻底消除基因的自私性是一种不切实际的幻想，而基因的自私性一旦在人际关系中发挥作用，就形成了自私的迷因。信息社会越发达，人的自私性就越强烈。这是因为不良信息更容易弥漫到社会的每一个角落，触发群体的自我保护机制。比如在中国，“小悦悦”事件成为一个引发轰动的迷因，它在拷问陌生人良知的同时，也制造了更多的冷漠的看客。

对比中国人和美国人是一件有趣的事情，同时也很危险。玛蒂说：

"我不觉得住在高档社区喝着牛奶的人是无私的，巴尔的摩暴力事件后，人们都在想，有谁会伤害我？邻居是好人还是坏人？"回到特区后，玛蒂住在华盛顿北部的郊区小镇，这里治安良好，从没出现过黑人和白人的冲突，但是有一段时间，家家户户都大门紧闭。街上随处可见神情紧张、行色匆匆的居民，他们不跟邻居说话，眼神警惕，下班后锁好车库，就把自己关进独栋房屋。

为什么一个素来安全的社区受到了百里之外的一个特殊事件的影响，竟然也染上了人际恐慌症？玛蒂认为是互联网技术制造了今天这种"星星之火可以燎原"的局面，这是信息的胜利，同时也是迷因的特征之一：不管好事还是坏事，一点涟漪即可泛起大浪。

埃伦在对近十年来全世界日益严重的"冷漠现象"进行总结时说："迷因是人性的自私，它们借助发达的技术工具煽动更多的人。为什么几十年前这些事件一点也不少，却没有引起全社会的人际恐慌呢？因为那时的信息传播十分缓慢。这才是问题的关键。"

当"坏人"的收益

在现实生活中，你会看到做"好人"的成本非常高，而做"坏人"的收益却很大。这是由什么导致的？

去年，由加州大学伯克利分校的社会学教授梅带领的团队与《洛杉矶时报》一起做了一项调查，问题是："你认为阻止自己当好人的最大的原因是什么？"这个问题听起来不怀好意，好像在指责人们为何要当坏人，实则是在鼓励人们说出心里话。

结果显示，有78%的受访者认为，当“好人”的成本太高了，做“坏人”不仅成本低、风险低，收益也大。也有人表示：“‘好人’已经成了一个引人嘲笑的词语，而且当好人总让人怀疑动机不纯。”采访过程中，一位男士无奈地说：“我身边有很多朋友，他们都在谈论怎样从别人身上获得好处，没有人告诉我应该主动帮助别人。他们是这么做的，我也是这么做的。”

这是从什么时候开始的？谁是元凶？

2014年，旧金山流传着两个故事：

第一个故事是“司法之恶”。臭名昭著的黑社会分子安德鲁无恶不作，诈骗，恐吓，收保护费，飙车，有长达7年的作恶史，从几百项违法生意中赚得盆满钵盈，却一直没受到法律惩罚。有人亲眼见到安德鲁欺负邻居，敲诈中学生，用残暴的手段当街杀死无主之狗，警察却与他谈笑风生。

第二个故事与之相反，是“善良的代价”。见义勇为的23岁女子琼斯在贝弗利购物中心帮助一位妇女抵抗丈夫的暴力殴打，那名可怜的妻子鼻梁骨折，全身是血，瘫痪在地，快被打死了，琼斯第一个冲上前去制止，并和她丈夫展开搏斗。受到帮助的妇女被急救送医后，不仅不表示感谢，反而嫌她多管闲事。几天后，琼斯就遭到了那个凶残丈夫的报复，在回家路上被强奸了。

一些社区论坛广泛流传着这两个对比明显的故事，并且配有照片。一个看不清面容的女子披头散发卧倒在桥下，照片下配有一行字：这就是“女蜘蛛”的下场。另一张照片中，则是恶棍安德鲁抽着雪茄得意扬扬地走出夜总会的“跋扈身姿”，同样配有一行字：看，洛杉矶之鹰！小报记者很快加入了报道队伍，他们电话采访见证者，发挥丰富的想象力写成纪实报告。传统报纸与网络平台的共同渲染仿佛引爆了一颗足以炸掉洛杉矶的信息核弹。人们在震惊之余纷纷表示心寒：这个世界是坏人的天下吗？

当地警察告诉我，事实的真相其实是：安德鲁在南加州监狱已服刑3年多了，网上流传的故事有一部分是真实的，但那都是他被逮捕之前的恶迹。洛城警察一直秘密收集他的罪证，并于2013年的圣诞节前夕成功对其实施了抓捕。是他曾经的不法行径让市民耿耿于怀，进而引爆了新闻。至于“悲惨的琼斯”，那个受害妇女电话致谢并欲登门求见，但低调的琼斯拒绝了，而那位有长期家暴行为并当众殴打妻子的丈夫当日就被逮捕了，根本没有机会去报复琼斯。

如此说来，我们误读了真相，造成这种误读的不是人心，而是我们的基因。是自私的基因造就了恐慌的迷因，它散播恐慌信息，而且并非出于什么明确的目的，它只是在给人们的生活制造混乱。不管怎么说，“坏人”的生活看起来越来越舒适了，做“好人”的高成本成为了使人们向“坏人”转型的潜在动机。这是一个令人无奈的迷因，但他们好像别无选择。

开启安全模式

在我们的迷因关系学中，你可以看到一个有趣的现象——**对待陌生人的态度总是更能够显示出我们的本性**。在互联网对一切都无限放大和即时传输的今天，你的一举一动都可能引发争议，仿佛每一句话、每一张照片甚至每一个不经意的表情都会给你带来写有惊叹号的标签——高尚的、卑劣的、无私的、冷漠的、无情的、下流的……在网络世界，人们喜欢用这些夸张的词汇形容自己看到的事物。**极端是迷因传播效应的一个副产品**，它喜欢死胡同走到底，一旦开始传播，就会像烟花一样燃放到极致。

什么是好人？什么是坏人？就没有一种方法来保护好人吗？

玛蒂从另一种视角提出了自己的看法，她不喜欢丹内特“迷因是精神寄生者”的结论——事实上我也不喜欢，我们天真、热情地盼望迷因是意识的奴仆而不是主宰。意识应该永远成为大脑的主人，执掌很多重要的权力，比如人际关系的分辨力、行为道德的基本准则、无私与自私的分界线。

“不论世界如何发展，我们终有互助的美德，迷因可能带来技术性的破坏，但它阻止不了社会进化的趋势。我始终认为人类的关系在向积极的方向进化，互联网只是为我们提出了一个问题，现在，我们需要回答它。”玛蒂说。她不认为好人和坏人是对立的。某些现象遮蔽了大众的眼睛，人们既是好人，又是坏人，但在一些特定的时刻，别人只看到了其中一面。当这一“瞬间的镜头”在网络平台被放大传播后，就成为一个引爆自私性的迷因。

但是，就像埃伦在一次社交心理学课堂上讲的：“为了在互联网时代保护自己最后的领地，我们需要极度的自私和无情吗？如果是这样，你就是那种只对自己好而不把别人视为人的人。这种安全模式无异于背叛人性，有谁能平静地接受？”无论迷因有多么危险——它在戕害人和人之间的关系，人们都无法心安理得地对“坏人模式”坐视不管。

自私性——基因遗传的第一选择

基因的自私性决定了今天的很多事情。

自私的人际关系源于自私的个体本能，也就是说，自私的迷因源于自私的基因。

很多人对“自私的基因”的理论并不完全认可，他们觉得自私性其实是可以被改造的，虽然自私在某种程度上是天赐秉性。但是，道金斯仍然义无反顾地认为，生命的个体和群体只是基因的临时载体，它们只起到替基因繁殖和传承的作用。基因为了自己的生存，可以牺牲掉任何一个个体。基因的最大特点就是自私，这是自然选择，永远也无法改变。基因控制着人类（包含其他生物）的各种思想和行动，目的只有一个：**更快、更多、更好地复制和传播**。

为了实现壮大种群的目标，自私成为了基因最有力的武器。

利他主义是自私的一部分

从丹内特“自由意志”的角度看，人类和其他生物的许多行为都可以归结为基因的自私，比如竞争、斗争和战争，甚至和平、互助也是。

后者体现了利他主义的美德。为了生存，人们互相帮助，无私地拿出面包送给即将饿死的邻居，跳进河中救起落水儿童。这时，基因的自私呈现出一种怪异的现象：**为了自私，我需要自毁**。

你不用感到奇怪，这正是基因的自私性在起作用。我们在选择行为方式时，总是倾向于更有利于基因生存和复制的选项，有时是利己的，有时是利他的。需要强调的是，我们的选择并不总是如此，它有时会被世俗的人性裹挟而呈现波动。但是长期看，基因仍是赢家。

1. 总有个体会吸引火力——必须为群体利益做出牺牲。

· 战场上，一位士兵冲向敌军的机枪地堡，用身体挡住了机枪的射击，被打得血肉模糊。人有怕死的本能，但他为什么要这样做？

· 工蜂平时任劳任怨地建筑巢穴，服侍蜂王，抚育幼仔，外敌入侵时还要充当护卫，用尾部的刺（产卵器）去攻击那些外来的入侵者。这对工蜂是危险的行为，因为一旦尾刺被敌人的皮肉夹住而无法挣脱，工蜂的内脏就被拖出体外。越勇敢的工蜂，就越容易丧生。它们为什么这样做？

· 鸟类学家的研究显示，有很多鸟儿在看到捕食者袭来时均尖叫报警，帮助鸟群飞速逃离，而自己却吸引了捕食者的火力，处于极度危险之境，这样的岗哨往往无法脱险，最后成了老鹰的美食。它们无畏牺牲的动机是什么？

基因的自私性告诉我们，这样做恰恰是为了保护群体的利益，让基因种族得以生存。如此说来，生物的利他行为就是合乎逻辑的。当你准备嘲笑那些为了团队利益而牺牲自我的同事或战友时，你应该想到的是，他是为了让你活得更好才这样做的，虽然他未必能意识到这一点。

2. 总有个体会无条件付出——不要求家庭成员和情感伴侣的任何回报。

生物的利他行为中，最普遍的例子是成年生物无条件地抚育下一代。为了下一代的健康成长，安全生存，成年生物不惜一切代价，付出生命也要使后代免受饥饿之苦及死亡威胁。我们和动物都有这样的行为，无怨无悔地为家庭成员付出，抚育孩子，支持自己的爱人，充当他们的后盾。

即便后代长大以后对养育者没有任何的回报——他们有选择的权利，父母却往往没有——又或者丈夫对于妻子的付出连一句感谢的话都没有，但后者仍然无怨无悔。付出者的自私去哪儿了呢？其实，它们并没有消失，相反，这种付出恰好满足了基因的需求：繁衍后代。它对群体的繁殖与发展仍然是有利的。

当基因的本性参与构建人类的思维方式和文化形态时，就形成了迷因，正是**“繁衍后代”及“壮大种群”的迷因让我们做出了一个又一个不可思议的行为**，你会在一切的社会关系中发现它的端倪。比如，男人追求女人时表现出来的千依百顺和生儿育女后的冷淡懈怠，还有团队关系中的种种利他行为等。如果你能把握住本质，就有驾驭这些关系的可能。

平等的竞争

从微观层面，我们可以把人类或者动物的身体看作基因的载体，也可以把它们视为信息组合的工具，即迷因的载体。

道金斯说：“为了达到自我复制的愿望，基因制造了这些复杂的机器。”这么说我认为是合理的，因为基因个体并不长寿，它们通常不会活很久（像人类几十年的寿命），只有几天到几十天不等的寿命。为了实现永生，它们唯一的方法就是不断地复制自己，组成有机体，以利于实现这个目标。

这就是为什么人与人、组织与组织之间虽然存在激烈的竞争，但仍然会保持一定程度的合作。人类的竞争是不平等的，人和人之间有财富、地位、能力等差别，竞争的起点是不公平的，人也可能不择手段，但人不会残酷地消灭对方（肉体灭绝），至少多数情况下是这样的。**一定限度地保存竞争对手，能够更好地实现自己的利益**。基因的目的不是让少数个体胜出，而是延续它自己。但当人们开始考虑“竞争与合作”的议题时，它就变成了一种文化现象，成了迷因。

因此，当人的意识与基因结合在一起时，就产生了一个迷因：为了稳定的秩序，我们必须在更大组织的层面采取利他策略。于是，利他行为在更大的范围内扩散——人们不容许行业垄断，不接受这个世界由一国独霸，不承认那些唯我独尊的强者。这时，迷因为自己穿上了一件“可持续发展”的衣服，它告诉我们：如果不这么做，就是自取灭亡。

“爱”是为了更好的自私

谈及自私对人际关系的影响，梅在推特上感叹道：“那么，爱又是怎么回事呢？”换句话说，当自私性主宰一切时，“爱”是基因主动的变化，还是被动的进化？为了更好地自私，基因发明了“爱”的神经反射吗？如果“爱”是基因的发明而不是我们意识的自主选择，就导致了一个必然结论："爱"本身也是迷因。

这是一个残酷的事实，虽然我们不愿接受，但却不得不承认，因为没有谁不需要爱。这正是迷因不可战胜的地方，它总利用我们的需要，从流行事件、商品热卖、街头运动再到情感的表达，任何一种行为，都在贯彻人本身的需求，而不是源于它的强制。

梅说到了她和丈夫的关系。在第二个孩子出生前，两个人经常依偎在沙发上看着电视，回忆大学时代初识时的场景，每一个牵手或拥吻的细节都令人激动。但是现在，他们更像是签下性需求协议的工作伙伴。随着孩子逐渐长大，爱情也消逝了，取而代之的是由权利和义务构成的家庭责任。为了维护某些东西的存在和延续，他们形成了爱的惯性。

"可是，年轻时的爱是多么浓烈呀！那是一种热烈的、神圣的感觉，恨不得每分每秒都在一起。婚礼过后，这种感觉就慢慢被稀释了。当然，人们对此有一万种解释。从迷因的角度分析，生殖繁衍的动机也是其中之一。是基因的自私性给了我们'爱'。"

即便不做明确的、透彻的阐述，我们也知道，爱情是基于两性的一种更高级的感情。最能说明爱情本质的是什么？也许是一见钟情——对方肯定有吸引到你的地方，才能让你产生爱的情感和冲动。对方有强壮的基因，有更利于生殖的优点，这些优点都间接地表现为性别之美。不论是人还是动物，这些特征都是诱发一见钟情的迷因。所以，**不管我们怎么包装，爱情始终都是"自私的基因"的产物**。

人类已经被基因默默地控制了几千万年，自私的迷因更是促使基因不断地进化和选择更有利于"自私"的环境，组成可以规模化生产"自私"的社会。因此你要明白，人类的一切关系生来就是"自私"的。正因如此，我们就更加要告诉自己一定要利他，要做一个"好人"，而不是甘愿被迷因支配，成为一个“坏人”。当知道迷因是如何控制着我们时，就要懂得怎样打乱它的计划。

选择进化

在著名的《谜米机器》（The Meme Machine）一书中（Meme即迷因，又译谜米），作者苏珊·布莱克摩尔作为道金斯的学生，重点向人们阐述了“**信息中的基因**”（即迷因）。他们讨论的对象不同，但两者的原理是相同的。苏珊将“自私”的概念延伸至了思想文化领域，并且将其与人的大脑和记忆联系起来，形成了独具特色的迷因学理论。我们的大脑主要由意识组成，当迷因与意识挂钩时，它就体现出了“**选择进化**”的特点。

1. 模仿传播。

我们知道，模仿是迷因传播的基本方式。苏珊说，同时我们需要知道，模仿并非是人脑学习、记忆的唯一的方式，也不是迷因传播的唯一路径。她举了人类学习的例子——我们的很多学习行为是条件反射，不需要模仿，比如疼痛让我们躲避针刺，烫伤让我们害怕高温。迷因的本质是学习和记忆吗？当然不是，它的复制过程有太多的变化，也不乏类似条件反射的东西，比如：人们会争先恐后地传播恐惧，再引发更大范围的集体恐慌。这就是本能反应，而不是刻意学习的结果。

2. 进化的条件。

苏珊认为，竞争是迷因现象的核心之一，也是迷因进化的条件。她进一步表述说：“文化中吸引人的东西无不与性挂钩，道德，艺术，时尚，我们看到的所有文化都在表达性的吸引力。”她认为迷因的进化与性有关。但在我看来，推动**迷因进化（信息变异）**的是人的需求和环境的变化，比如成长环境的变化会改变我们对社会、朋友及其他事物的认知。这个过程中，我们既被迷因影响，也在影响迷因。

3. 选择进化。

今天，“进化”一词被严重地滥用了。商业模式在进化，政治文明在进化，营销理念在进化，人的关系也在进化……到处都有人在谈论进化的问题，似乎随着互联网的快速发展和新技术的不断发展，人类的每一天都与往日不同。每次听到有人在讲这个有吸引力的词语时，我总会忍不住地仔细听听他到底在说什么，并测量一下他距离现实有多远。

事实是，无论哪种事物——包括迷因和社会关系，自始至终都遵循着“选择进化”的机制。生活中有些东西在改变，比如机器，“技术的迷因”（又称技因）让它一日千里，有些则几千年没有丝毫变化，比如思考的逻辑，基因不允许它超出上帝的设计。

这种机制是怎么形成的？

第一，大脑的迷因是一种认知模式，它出现在生命的孕育之初；

第二，自私的迷因决定了我们的社交系统，以及人类社会的一切关系模型；

第三，基因制造了我们的身体硬件，迷因则构成了复杂的软件，我们姑且可以这么认为。

由此看来，我们的基本的行为方式（例如走路）、复杂的行为模式（比如思考和决策），是由基因和迷因共同主宰的。人类不但是基因的奴隶，还是迷因的仆人，结局好像比那些在和人类的竞争中失败的动物还要糟糕。

纷争不停——实现双赢为何这么难

相信我，除非领地消失，人类不会看到“永远和平”的那一天。

· 人与人、国与国之间的战争是如何爆发的?

· 洛克菲勒与卡内基的“王者之战”就没有第二种解决办法吗?

· 今天，中美之间的竞争为何呈现出与美苏冷战截然不同的方式?

· 在遍布全球的人类纷争与冲突中，扮演决定性角色的是谁?

前不久，曾担任美军太平洋司令部司令的丹尼斯·布莱尔在接受《华尔街日报》采访时说：“我认为接下来发生的事情会相当可怕，如果我们继续派军机在中国南海飞行，那就像玩‘打地鼠游戏’。我们不应该由航空母舰引导决策，而是应该通过外交谈判来解决纠纷。”布莱尔对美国军方的一系列强硬行动表示不解，他认为这会引发进一步的冲突，是危险的游戏，而不是有效的压制。

回放事件的全过程，我们不禁要问，制造两个强大国家互相之间紧张气氛的罪魁祸首是什么呢？探究大国角力的迷因是困难的，但它并非无迹可寻。卡莱茨曾经无不担忧地说：“就像人和人的关系一样，国家之间存在竞争，群体之间也存在竞争。人类的领地意识根深蒂固，不可能有谁会牺牲自己的利益成就他人。相信我，除非领地消失，否则你不可能看到人类和平的那一天。”卡莱茨领导的课题组在过去三年间进行了一项关于“**技术进步与国家竞争的关系**”的研究，他得出的观点是，竞争的迷因促进了技术进步，技术的迷因又加剧了竞争。这对于我们研究人和人的关系也是适用的——你只需要把“技术”替换成“利益”就行了。

“人为财死，鸟为食亡”的迷因谱写了人性的演化史。人和人的争夺贯穿整个文明史，优胜劣汰的原则始终伴随着人类进化的每一步，能够在残酷的厮杀中生存下来的都是优秀的人类，反之则被无情淘汰。

让人不舒服的事实

在读到洛克菲勒与卡内基的故事时，我惊讶地发现，当石油大王洛克菲勒表示要收购梅萨比铁矿时，钢铁大王卡内基第一时间表现出了极不成熟的蔑视态度，这完全不符合他一贯的精明作风。当他真正意识到危险的逼近时，洛克菲勒已经掌握了足够的谈判底牌。双方的“王者之战”最终以洛克菲勒的胜利而告终：卡内基以25美分一吨的“低价”买下了洛克菲勒旗下铁矿的全部产量，底数是60万吨，代价却是必须使用洛克菲勒的铁路和其他运输工具来运输这些铁矿石。

如果早些看到竞争对手的强大，卡内基是否能够为自己争取到更好的合作条件，而不是被迫签下城下之盟呢？没有人清楚卡内基如何看待洛克菲勒，也许确实如他所说，那个平民出身的“洛克小子”没什么本事，自己连英国女王的赐爵都可以拒绝，为什么要在意洛克菲勒的商业威胁呢？在诱人的利益面前，即便卡内基这样的商业巨子也会被过分的自信蒙蔽双眼，犯下大错。

利益是一切个人、企业和国家关系的核心，这话听起来让人很不舒服，但它就是事实。“追逐无限利益”的迷因让成功者渴望更加成功，让失败者卷土重来。擅长运营人际关系的人，都非常善于分析别人的需求，继而通过满足别人的需求来实现自己的利益。

自私的运算

·在范德比尔特的计划中，肯定没有被洛克菲勒超越的故事。

·如果没有美联储的成立，摩根财团的垄断梦想能够实现吗？

·20世纪30年代，无止境的扩张欲望竟然控制了日本，使它不惜用战争赌国运，成为全世界的重大威胁。

·美国遏制人民币国际化的理由是什么？为什么说当中国突破第二岛链后，人民币国际化的步伐就会大大加快？

人类对利益最大化的追求是无意识的，它不受显意识的控制，经常呈现出一种“**明知不可仍为之**”的形态——例如范德比尔特家族的衰亡史，摩根财团疯狂的金融垄断梦想，以及日本在20世纪前40年的一系列军事冒险。小到个人，大到企业和国家，都被趋利的本能所驱使，以至于有时会忽视避害的本能。

实际上，由于基因的自私性，任何生物都有趋利避害的本能。现实生活中，我们有利则往，有害则躲。利害本身不是迷因，对利害的选择才是迷因。这里的利害不仅包括财富、领土的得失，还有对成就感、满足感、罪恶感、愧疚感等心理因素的考量，它们同样影响人的决策。

我们可以举一个例子，小明上午在地铁站捡到了一个钱包，下午就还给了失主，钱包内的东西无一丢失。失主表示口头感谢，并没给他什么谢仪。如果从经济利益的角度分析，你会发现小明得不偿失，这不符合基因的要求，但若从"全局利益"的角度来分析，从迷因学的层面审视这件事，你会豁然开朗。小明这样做的原因就是，钱包内虽有钱，但不足以抵消在地铁站拿走钱包的高风险（监控遍地都是）、内心的负罪感（这种事不符合人的基本道德观念）、交还失主后的心理满足感（做了一件好事）、实现自我价值的成就感（做人的道德要求）。

此时，小明对利害进行了一番周密的运算，结论就是必须把钱包还给失主，才符合自身的最大利益。我们当然有理由相信，"自私的基因"无时无刻不在进行着这种运算，并成为决定人际关系策略的背后的迷因。

信任和怀疑

信任或怀疑的种子一旦种下，就会疯狂地发芽成长。

用"利益"这个词定义人类关系似乎过于功利化和有些难听了，它抹杀了我们对温情的渴望，但好像没有更好的词汇能够形容关系的本质。人性正是扎根于利益之中，文明才得以进化。两者共同构成了人际关系不同形态的迷因，以"种子"的形式出现在我们的人际交往中和矛盾冲突中。

你愿意跟一个人相处，只有两个理由：要么他能给你提供物质利益，工作关系、客户关系都是这样的；要么他能满足你的感情需求，朋友关系、夫妻关系、亲人关系都是这样的。此外，沟通需求、信任关系、安全感、成就感都属于感情需求。你可以想一下，自己的哪些关系脱离了这些范畴呢？

举例来说，你非常讨厌一个人，不想见到他，不希望和他有交集，但却没有撕破脸皮。为什么？因为你要避免未知的损失，比如，和他关系破裂并成为仇敌后的“负收益”，可能是你承受不起的；即便哪天撕破了脸皮，也是因为这种“负收益”已不足以抵消关系破裂后的“正收益”。

意念的推手

在2010年上映的美国电影《盗梦空间》中，由莱昂纳多饰演的男主角拥有一种通过多重梦境对人植入意念的特殊本领，这个意念就是迷因。它是连接潜意识与现实世界的桥梁，是意识的种子。这颗种子一旦被成功地种下，它就会自动接手后面的工作：复制、传播和控制人的行为。

不管是信任还是怀疑的种子，一旦被成功地埋进人的潜意识后，它就会疯狂地生长。我们无条件地相信一个人和彻底怀疑一个人的思维机制是相同的，它们都发端于一粒种子，就是意念的复制因子。理解了这一机制后你就能明白，从来没闹过矛盾的两个人，一旦发生了龃龉，后果会有多可怕——他们从此天涯陌路，水火不容。我们在生活中经常能够看到这种事情。

也就是说，意念的复制因子被种下后，理智就退到了次要地位。我们的各种情感问题——亲情、爱情、友情乃至工作关系，其间的各种误解、猜疑和矛盾，背后都有意念的影子。“怀疑”的迷因被复制后，人就活在了无端的猜忌之中，当人与人之间失去了最基本的信任之后，“怀疑”的种子就会一天天长大，直至引发双方关系的破裂。即使事实一再提醒他们，他们仍然会不由自主地去怀疑对方。这就是意念的推手，它的力量几乎是无穷的。

从控制到顺从

结婚前后，梅和丈夫的关系发生了戏剧性的逆转。她自嘲说：“在婚前我是主人，说一不二，他就像跟在屁股后面的一只猴子，而我可以对他颐指气使，占据主导地位。婚后的情况截然不同了，我慢慢成了一个百依百顺的家庭主妇，而他如同获得了新生，成了这个家的主人。”

这种改变基于什么机制呢？梅认为，在她和丈夫的博弈过程中，是信任击败了怀疑，在她的大脑中植入了意念。她开始无条件地信任丈夫，并且无怨无悔地为家庭付出，从主人的角色演变成了仆人。女人越是怀疑一个男人，就越会试图在双方的相处中掌握主动，而男人为了证明自己的清白，则会尽可能地保持恭顺。**结婚是一个迷因，因为它让“信任和怀疑”的战斗分出了胜负**。

梅的研究小组多年来致力于人际关系的深度调查，其中就包括伴侣关系。她说：“与其说伴侣关系对人性的自私提出了重大考验，不如说它检验了人们抵抗自私的能力。”这就是为什么容忍与克制是婚姻的美德而诚实却不是。我们在婚姻中用虚伪和谎言对待伴侣，是因为自私需要掩饰。

在一般情况下，丈夫和妻子通常会相得益彰，心照不宣。在某些极端情况下，自私又是如何破坏婚姻关系的呢？

在一次名为“**说出你的抱怨**”的婚姻调查中，梅收到了数千份回信，还有人打来电话甚至到她的办公室拜访，当面向她倾诉自己对伴侣的不满。人们表达最多的就是“他（她）太自私了”。自私是人的本性，是基因的特点，是人类关系的核心要素，但人又无比讨厌自私。

波特兰的一位男士肖恩写来一封长信，言辞激烈地控诉妻子是如何“折磨”他，以及他们的关系是怎样从相亲相爱变得互相猜疑的：

我现在才知道，自己是一个看人总看走眼的人，对人品的判断力几乎为零，经受不住外貌的诱惑。我和她相识4年后结婚，那段时光永世难忘，我们每天都粘在一起，从未分开，而她也温柔可爱，我们彼此信任，几乎没有过争吵，遇事以商量为主。就这样，去年我们走进了婚姻殿堂，恋爱关系开花结果，成为了夫妻。此时开始，一切都发生了改变。

妻子慢慢地想控制我，悄悄偷看我的电话记录、短信，查阅我社交工具的聊天记录。另外，她还染上了严重的强迫症和洁癖，并强制我按照她的习惯生活。我数次与之争论，希望她考虑一下我的感受，但始终没有成效。

她是从什么时候变得自私呢，还是说，她本来就是一个非常自私的人，只不过现在才原形毕露？

肖恩的描述让我想到一个十分形象的词汇，也是一部电影的名称——“僵尸肖恩”（Shaun of the Dead）。抱怨让肖恩变成了婚姻中的“僵尸”，在一种互相折磨的关系中，总有一方会陷入这种状态，他（她）唯一的乐趣就是抱怨，而抱怨的迷因又是什么呢？是某一方的自私激发的另一方的情感反抗。在这种关系中，利他主义没法生存，因为两个人在僵持中互不认输，争夺控制权的战争也会一直打下去。

人的本性始终追求短期利益，只是偶尔会思考长期收益。不管怎么样，人们在各种关系中均以自己为中心，婚姻和社交关系也不例外。**不管是信任还是怀疑，本质上都是由自私主导的，绝对的利他并不存在。**这是很有趣的一点，人无法自我满足，而是必须从外部环境中获得满足感，自私就是实现这种满足的工具。

对抗自私

自私有很多副产品，其中之一就是消极人格。动物有时也是消极的，比如牛被宰杀时流下的沉默的眼泪，狗被主人抛弃时的呜咽。但是，这些表现都比不上人类由自私而引发的**消极行为**。人类的消极行为表现出很多种特征，对各个层面的关系都有影响。我们如何才能对抗并且战胜它们，消除负面影响呢？我们起码应重新认识并试图扭转以下几种局面。

1. 以自我为中心。

“只考虑自己，不顾及别人”的心态传染力极强，只要团队（社区）中有一个以自我为中心的人，团队（社区）关系就可能变得不健康起来。他（她）的意识中从来不会有其他人的位置，即使他（她）口头表示会替别人着想，也不可能采取什么实质行动。

· 没有人能对抗自我中心主义的倾向，但我们可以通过换位思考兼顾别人的利益。基因的“利他性”体现在把团队利益置于第一位，我们在现实中正是这么做的。培养企业的团队意识必须以“利他”为基础，进而激励团队成员在处理工作关系时要顾全大局、精诚合作。

2. 贪婪的人。

20世纪80年代起，极端利己的迷因引发了拜金主义风潮，它比全球性流感的传播速度还要快。每个人的私欲都无限膨胀，表现为对金钱、地位和名声的贪婪。

· 克制对名利的欲望是困难的，但我们至少能做到不斤斤计较。人永远消灭不了贪婪，却可以用长远的利益考量来控制它。想一想短期让利可以让你在未来获得丰厚的回报，你还会对眼前的小利念念不忘吗？那些拥有良好社群关系的人无一例外都是目光长远的人。

3. 冷酷的人。

玛蒂说："路人何其冷酷，但祈求宽恕。"有很多人惊诧地发现，自己对生活没有热情，对别人没有感情，也没有同情心。他们会疼惜一只猫狗的遭遇，却不会对一个悲惨的陌生人眨一下眼睛。

· 这背后的原因是什么呢？是因为冷冰冰的利益关系成了人们处理人际关系的准则。人和猫、狗之间没有利益关系，人和人之间却只有利益关系。找回纯洁的人类情感，并非从克制私欲开始，而是不要被个别的负面消息（比如"小悦悦事件"）影响判断。

4. 吝啬的人。

你是一个非常贪心又一毛不拔的人吗？或许你认为自己很节俭或仅是不太合群罢了，事实上你在人们眼中却是不折不扣的吝啬鬼。比如，你害怕有人找你借钱，甚至干脆假装身无分文。

· 这既是由自私决定的，也取决于某些特殊因素——"借钱伤感情"这句话是何时走进人们的意识并让我们变得吝啬的？第一个发明这句话的人有他自己的遭遇，但他一定没想到今天所有人都奉之为金科玉律。你应该意识到，付出感情同样能获取大的利益，而且不是金钱能够

买到的。

5. 孤僻的人。

由于极度的自私，你会不时感觉到自己的性格具有可怕的一面——你变得敏感多疑，喜欢孤僻地自处一室。因此，你不太可能有真正的朋友。你特别害怕吃亏，也害怕别人接近你：**他（她）是否别有企图**？长此以往，你的行为模式或多或少就有一些神经质，这使你无法融入身边的社会。

·这和嫉妒有些类似，自私的基因也会“眼红”，它警惕性强，总是担心被人算计，因此可能抢先下手去算计别人。它能够营造一种氛围，使置身其中的人无法幸免，它通过群体传播形成了互相猜疑的链条。要想改造自私，而不是被自私改造，就必须逆向思考并主动与人沟通。

第三章

迷因与流行：偶像的产生和消亡

歌手和他（她）的音乐为什么走红？一部电影又为什么热映？“万人迷”是怎么产生的？促成流行的原因是什么？人的情感倾向和第一印象是怎么产生的？迷因告诉你：“我就是流行。”别再得意自己有一副好身材了，这一切都是由迷因控制的。

迷因是流行的引爆点

为什么从古至今，人类称呼父母的发音在世界各地都是雷同的？为什么每个国家的人都用同一种语言骂马，就连音节也一模一样？

《牛津英语词典》在解释迷因时是这样说的："memes are the cultural counterpart of genes（**迷因是基因在文化中的对等物**）。"换言之，迷因就是"文化或者行为系统的基本单位，通过模仿等非遗传的方式在人和人之间传递。"为什么迷因在制造流行？道金斯指出："曲调、理念、时装、流行语乃至制造工具和建设艺术、建筑的方式都是迷因的例子之一，它们也都是流行。"

一名歌手走红了，人们印象深刻的一定是她的某一首歌曲或某一段特别悦耳的旋律，也许还有她戴的某顶款式独特的帽子。一部电影突然大热，一定是因为影片讲述了某个特别迎合大众心声的故事，或者有几段经典台词。人们购物时的某款时装，装修时的某一风格，写作时的某种流派，都是流行的标志，它们也同属于迷因。

往更广的范围说，东亚各国语言中称呼父母的发音都大同小异。如果你去到欧美旅行，就会发现他们的小孩呼唤"爸爸"和"妈妈"的发音与东亚人也如出一辙。这些雷同的发音是从什么时候开始流行的？全世界不同种族、国家和地区的养马人为什么都用同一种语言指挥自己的爱马？这些“共用语”发源于何处？

唯一的可能是，在没有互联网甚至连文字也未诞生的时代，迷因就已经在决定流行。考古学家也惊讶地看到，“结绳记事”和“发簪”都是流行的一部分。它们有同一种流行基因，那就是快速复制并且快速传播。今天，流行的内容已不限于文字、发式、服装和语言，还包含图像、视频、音乐和偶像人物。流行中的迷因同时也是一门**广告符号学**，它可以是一则图片或者一个偶然拼错的单词，也可以是一个不起眼的符号，甚至是一张错版的钱币，这些迷因都会在不经意间引爆一场流行潮。

关键要素：大众参与感

迷因对流行的影响机制和基因一样，流行源（信息）在传播过程中既可能原封不动，也可能出现变异和扭曲，背离其最初的形态。但在大多数情况下，流行是一种迷因复合体（meme complex），其中的一部分一直保持原样（像基因），另一部分则掺入了大量的个性元素（参与者的想法），而后者才触及了流行的关键：大众的社交参与。在广泛参与和“病毒式传播”的推波助澜下，流行元素或事件很可能几个小时内就能形成轰动效应，引发巨大关注。

就像“爸爸”和“妈妈”的人类共通语、杰克逊的舞步或马尔克斯的《百年孤独》，并非所有的流行都是容易消逝的——为时数日至多数十日的风潮时刻霸占着我们的眼球——有许多迷因制造了旷日持久的流行。在道金斯看来，这些富有生命力的迷因比基因更为不朽，他举了那些伟大的哲学家、画家、音乐家和天文学家的例子，比如苏格拉底、达·芬奇、莫扎特和哥白尼，他们是迷因复合体，即使经历漫长的岁月，依然让人敬佩、令人神往。

迷因是流行的“引爆点”（The Tipping Point），**它不是雷管，而是“点燃雷管”**。这一动作本身才是迷因。马尔科姆·格拉德威尔在自己的名作《引爆点》一书中说：“**很多难以理解的流行潮背后都有它的原因，如果我们能够掌握这些因素，就可以轻易地推动起一个流行潮。**”

1. 非凡的创造力。

发掘引爆点（迷因）需要非凡的创造力，有时它是由某些特殊人物实现的，有时则需要借助隐藏于表象背后的流行规律，问题的关键在于，到底谁能够创造它或发现它。不少作曲家、产品设计员和商界传奇人物都拥有这种能力，他们明白如何去寻找下一个流行。这种非凡的能力源自于我们的基因，每个人都有创造的天分，区别在于它被开发的程度。

2. 大众的参与。

没有大众的参与和由此产生的群体涟漪，迷因的生命力不会超过1分钟，它可能仅作为大脑中的一个电信号稍纵即逝。借助大众的口口相传及媒体、社交工具的快速传播，迷因解决了信息传递的问题。一般来说，大众参与度越广，讨论越热烈，迷因的变异幅度越大，流行潮的规模就越大，持续时间就越久。靠制造流行为生的人需要从诸多的卖点中总结和组合最富有传播价值的信息，然后找到一种简单、高效的包装方法，使这一迷因变得不可抗拒，从而无限地提升人们的参与度。

引爆流行的三项法则

1. 个别人物法则——推动流行的是那些有特殊嗅觉的人。

格拉德威尔认为，正是下面三种人导致了流行的发生。他们是迷因的制造者。

联系员：他们是那种**认识了很多人的人**。他们广交朋友，和一切关系保持联络；他们精通六度人脉的价值传递理论，可以快速、高效地散布信息。

内行：他们是那种**什么都懂的人**。也许不是特别专业，但他们对某一种知识能够做到“无所不知”，并能通俗地阐述一些具备流行特质的元素，总结流行的规律，判断流行的节点。简单地说，各个领域的内行总能发现有价值的迷因。

推销员：他们是那种**什么人都能够说服的人**。他们绝对没有特别高深的知识，甚至文凭也很一般，但他们拥有一种强大的说服力，能在很短的时间内取得人们的信任，将流行（产品或服务）分享出来。在某种流行潮的制造过程中，他们充担着沟通者的角色，是极为重要的环节，比如歌手经纪人。

2. 附着力法则——推动流行的是那些有附着力的信息。

我们每天都接触大量信息，对大多数枯燥无味的信息，我们听完即忘，留不下什么印象。但是另一些信息却像病毒一样，让我们难以忘怀，无法从头脑中驱散。就是这些关键信息导致了流行，或者说激发了流行——当被传播的信息引人注意且便于记忆时，就容易引爆一股你意想不到的流行潮。

3. 环境威力法则——推动流行需要借助环境的威力。

格拉德威尔非常重视环境的力量，他说：“流行的趋势要有一个发育的温床。当这个环境生成时，个人的因素也许就不那么重要了。”此时，特定的环境成了迷因。比如有实验证明，在一个到处都是小偷和黑社会分子的街区，每个人都有以身试法的冲动；而在一间大家都非常调皮的教室，好孩子也会产生“犯上作乱”的心理。

环境威力的另一个佐证是“破窗效应”。为何底特律的治安环境如此之差？当地治安官告诉我们，这是由底特律特殊的城市环境决定的。“在这所破败的汽车之城，失业率居高不下，哈佛大学的高才生来到这里也会变成那个人。”他指着对面一个展露着腰部文身、正仔细从垃圾筒中翻找食物的黑人青年说。

综上所述，只要拥有合适的条件（满足以上三项原则中的两项或全部），一种观念或一个事物就有机会形成一个风潮。

当你能够深刻洞察这一原理，充分利用趋势，就可以借用或创造一个迷因来引爆流行。流行是如此简单，不少人却把它包装得很玄妙，好像它是曲高和寡的学科。我们应该识破它背后的奥妙。

权威？让我们来戳破神话

权威是怎么形成的？是人的普遍自私构建了权威吗？还是迷因利用权威充当自己的“有形之身”？

恩格斯对于权威有一个通俗的定义，一定的权威总和一定的服从同时出现，而这两者都是我们所必需的。马克斯·韦伯是公共行政学的主要创始人之一，他同样高度评价权威的作用。在他看来，任何组织的形成、管治、支配的基础都是某种特定的权威。离开权威，事不成行，而适当的权威可以消灭混乱，形成秩序。韦伯为我们提出了三种正式的权威概念，分别是传统权威、魅力权威和理性的法定权威。其中，魅力权威带有明显的流行色彩，它同时也有进化成传统权威的可能。

从迷因学的角度看，权威自然也是一种流行，但它是怎样被制造出来的呢？

完美不是迷因，缺陷才是

有时尚界的“老佛爷”之称的卡尔·拉格斐每当出现在红毯上时，明星们挤破脑袋也要跟他合影，大家都想一睹这位大师的风采。他每年为香奈儿设计7到8个系列的高级时装，为芬迪设计5到6个系列，当然他不会忘了自己的时尚品牌，那是他的精华创意自留地。

这种超强的能力使他独步时尚界，令众人皆仰视。与此同时，拉格斐的私生活却备受人们的诟病。比如他养了很多猫并给这些猫请了专门的保姆——动物保姆不是他的首创，很多明星都这么干，但他对保姆的要求也太多了点，保姆必须24小时轮班照顾这些小动物。引起更大争议的是他歧视肥胖者的言论，他瞧不起胖子，鄙视那些不能控制体重的人，这引起了很多人的反感。英国流行歌手阿黛尔·阿德金斯在被拉格斐调侃身材时就公开反驳："我太肥了吗？不，是他眼光有问题。"

要知道，阿黛尔是这位时尚大师最喜欢的一名歌手，但他仍会直言不讳地点评她的肥胖问题。很难说这不是性格的缺陷，但"缺陷"又让他更加高高在上，从而使更多的人加入到喜欢他的队伍中来。

完美人格总是难以流行起来，你没发现吗？"圣人体格"不具备成为迷因的潜质，因为人们都不是圣人，无法感同身受。只有那些集优点和缺陷于一身的天才方能成为迷因复合体，并迅速流行起来。从这点来看，能成为大众谈资的"缺陷"才是迷因。另一个典型的例子是性情古怪的周星驰，除了才华出众之外，神秘低调甚至有些暴躁的性格总能让娱记在头条写下他的名字。

人性即流行

高明的造型师能够将任何一个人设计出惊艳的形象，他们高明的不是技术，而是对人性的了解。佩特拉·弗兰纳里是艾玛·斯通的御用造型师，同时也是红毯上的冒险家。她说："我要在不同环境和场合捕捉到他们最性感和最有魅力的部分。我要创造的不是奇迹，而是他本就有的东西，哪怕他是给片场送外卖的普通的小伙子，我也能在10分钟内完全改造他。"

这再一次表明，某种流行权威的产生总是出于人性的需要——人性是流行迷因的帮凶。人们喜欢这样，因为人们从中看到了自己的影子。明星造型的流行是如此，而一部电影又是如何利用人性流行起来的呢？比如2008年上映的由埃里克斯·肯德里克导演的电影《消防员》，它是一部佳作，是那个十年里爱情电影中的权威。它是怎样诞生的呢？

埃里克斯·肯德里克和斯蒂芬·肯德里克兄弟共同编写并且导演了这部小成本电影，全部制作成本只有可怜的50万美元。演员志愿加入，不取报酬；教会出面让剧组免费使用场景；营销宣传也没花多少钱，主要依靠网站和公众博客自愿宣传。基于此，他们也请不到大牌演员，唯一有名气的是主演柯克·卡梅隆——他出演过20世纪80年代风靡美国的家庭情景剧《成长的烦恼》，其余的演员甚至都不能算是明星。

凡是对好莱坞有所了解的人，事前都不会看好这部名不见经传的小成本影片。它能上映吗？有人看吗？鬼才会看这种电影！然而事实让这些老江湖们大跌眼镜，《消防员》在北美上映的首周末票房高达到600万美元，不但进入全美主流院线，而且票房成绩超越了由布拉德·皮特和乔治·克鲁尼共同主演的《阅后即焚》和斯派克·李的新作《圣安娜奇迹》。肯德里克兄弟大获成功。

对于电影走红的原因，埃里克斯的回答是：**"这是上帝的力量。"**他们创作这部影片的出发点很简单，就是想通过一个朴素的故事来描述一下任何一个美国人都会面临的家庭以及婚姻问题，然后给出"权威解答”。我的意思是，他们通过电影指明了某种美国人希望找回的道德准则和家庭信仰。

埃里克斯说：“和好莱坞其他的电影不同——它们反映的都是生活在加州和纽约的人们最新潮的生活方式和价值观，我们努力表现真实生活。这里仍然有很大的一部分人拥有另外一种道德信仰，我们发现很少有电影来反映这些人的生活。”

1. 迷因一——虔诚的教徒和神圣的吻戏。

《消防员》看重的是赢得人心，因为人心的力量是无穷的，它使用的方法之一便是点燃人们的感动。柯克·卡梅隆是一名虔诚的基督教徒，他9岁就进入了娱乐圈（作为童星出演了《成长的烦恼》），尽管娱乐圈充斥着各种负面新闻，他仍然能够洁身自好。这本身就是绝佳的卖点，人们对这样的人天生抱有好感。

在电影拍摄期间，教会和牧师巧妙地加入进来。比如，联系和提供拍摄场地，并为卡梅隆和妻子创建的慈善基金进行了一次公开的募捐活动，把募集到的钱全部用于赞助绝症儿童和他们的父母——让他们拥有一次完美的免费的度假。拍摄期间，有20个志愿者团队为卡梅隆祈祷，这让他非常感动。而这也成了观众的谈资。

故事的最后有一场吻戏，正是这一个镜头和背后发生的故事再次为电影增光添彩。在最初的剧本中，导演特别希望男女主角长时间地拥抱和接吻，以此表现他们的感情。不过，该片的制作公司有一个严格的规定：**只有在现实中是真夫妻的男女演员才可以在镜头前接吻**。同时，卡梅隆说：“**我曾经向我的妻子承诺过，我的嘴唇只为她一个人保留**。”这句话无意间成了一个提升电影热度的迷因，观众为此感动不已。

在说这句话时，卡梅隆已经和妻子结婚17年并且有了6个孩子。

毫无疑问，他向公众传达了一个鲜明的态度：拒绝这个情节可能让我损失掉很多拍电影的机会，但没关系，我不做任何损害我的婚姻的事情。

他用一种非常神圣的态度去对待婚姻，这跟电影的主题非常吻合。由于剧情的需要，影片不能删掉吻戏，因此导演邀请卡梅隆的妻子来友情客串，让她穿上女主角的服装，在一个光线较暗的环境中完成了拍摄。对于这一个细节，许多观众感动得泪流满面，纷纷在社交平台发言，赞赏导演的这一安排。人们为此成立“卡梅隆夫妻支持组”，有数千名影迷加入，他们义务地为这部影片做宣传。

2. 迷因二——邀请教徒观影的宣传方式。

由于成本限制，《消防员》的宣传方式也剑走偏锋。有别于好莱坞大片一掷千金的营销手笔，它更多借助了贴近人心的互动模式。例如，影片尚未完成时，发行方就邀请了教会人员及婚恋专家观摩指导影片的拍摄，并由他们向教徒和粉丝推荐。影片完成后，制作团队组织了小范围的放映，让公众免费观看并参与讨论。

这一做法收到奇效，90%以上的观众都热烈响应，表示自己一定会向家人和朋友推荐这部感人的电影。发行方在邀请人们观看时，还提供了帮忙照看孩子的服务，确保这些夫妻可以一起投入地欣赏电影。种种努力都没有白费，越来越热烈的讨论让电影迅速走红。主演卡梅隆和制片公司都收到了大量的邮件，观众就此开始反思夫妻生活，谈论如何挽救自己陷入困境的婚姻。

卡梅隆说：“我听说在一家影院，当影片放映结束时，一个男人站起来说，‘我叫凯博，我需要有10个人为我的婚姻祈祷’。立刻就有20个人站起来和他一起祈祷。这真不可思议！”这就是流行，它不是上帝的力量，而是迷因学的必然结果，问题在于你有没有引发“规模讨论”的能力。

魔法师眼中没有奇迹

最近两年，“威尔现象”就像龙卷风一样席卷了好莱坞。2015年，黑人演员威尔·史密斯以2600万美元的年收入位列福布斯全球演员富豪榜的第18位，当年的11月1日，他以影片《脑震荡》获得了第19届好莱坞电影奖的最佳男演员。以至于有些电影评论家说：“威尔现在就是好莱坞的票房保证，就像以前的尼古拉斯·凯奇一样，任何一部电影只要挂上了他的名字，就不会赔钱。”

这样一位“天皇巨星”是如何包装出来的？

威廉·莫理斯奋进娱乐公司的金牌经纪人阿里·伊曼纽尔是白宫幕僚长拉姆·伊曼纽尔的兄弟。这个有着一头灰白头发的瘦削男子常年出没于洛杉矶的比弗利山，他深知明星的包装之道。明星是流行权威，而他是权威的制造者。他说：“威尔是当之无愧的票房炸弹，这取决于他的形象和演技，但重要的是，说唱歌手的出身让他天生有一种流行的魅力，制片公司聪明地利用了这一点，为他量身定做了适合他的电影。”

成名不是一件容易的事情，从流行演变成权威更是难上加难，但伊曼纽尔深谙炒作之道，他是大牌背后的推手，是流行的教父。在他看来，每个人都有自己的“个人品牌”，一定有些可以流行、制造话题的东西就写在人们的脸上，能不能及时地发现和有效地加以利用，是能否谱写流行神话的关键。

经纪人熟知明星的个性、身形、语言习惯等，他们懂得通过各种细节和公众呈现，放大偶像身上易于被人接受的特点。明星并没有三头六臂，他们其实跟普通人一样，在经纪人眼中尤其如此。但金牌推手总能把明星的微小优点及某种风格无限放大，他们是诱发迷因流行的魔法师。

只不过，在魔法师眼中，这个世界上没有真正的魔法和奇迹，只有极易操控的热情和虚幻的梦。

公众事件的制造

大新闻是如何生产出来的？公众事件和流行人物的走红需要哪些因素？

流行总是需要公众事件的参与，而公众事件的推手就是迷因。流行的策划者同样是优秀的公关人，他们擅长制造新闻来引爆迷因的传播。你可以注意观察那些具有新闻价值的活动和事件，大凡能吸引媒体和公众注意、被大规模报道的，基本都是被刻意生产出来的。迷因一旦开始传播，就会形成不可估量的效应，它懂得为自己争取演化为公众事件的机会。

近日，某位在网络上走红的作家出版了自己的第一本诗集。当她来到北京为新书做宣传时，就像召开了一次媒体盛宴，各路记者蜂拥而至，而她也话题频出，大出风头，抢尽了眼球。有评论人说，这个人的名字早在出书前便已占领人们的视线，方法之一当然是利用公众舆论，不断炒作和传播各种话题，比如女权主义、才气、美丽的容貌等等。公众和互联网充当了迷因的生产工和运输车。

有多少“网红人物”仅是虚幻的神话，即使远离现实，也能掀起流行风潮。至于流行过后会怎样，没有人关心。我们从中可以看到，流行是局部范围内信息大爆炸式的舆论泡沫，它的整个过程都遵循迷因的原理和机制——复制、传播和演化。经典的迷因复合体也需要利用舆论，但是它的生命力更长久。

在公众事件的制造中，迷因把大众当成了传播的载体，一个微小的符号也能在公众平台上自我生产、自我传播、自我增殖，创造出粉丝、市场和让人感叹的魔幻仙境。

舆论的产生和壮大

舆论的产生一般有两种机制：第一是来源于公众的自发。公众基于自己的利益和观点，自发但分散地表达看法；持有相同态度的人集聚到一起，互相讨论，壮大声势；以上小群体影响到更多的人，形成一定强度的社会舆论。这是迷因的自然传播模式，它习惯性地利用这一点。第二是通过特定的引导，有计划地制造舆论。比如，娱乐行业或其他领域的权威人物或策划者，按照自己的某种意愿，利用公众的某种需求，提出某种主张或者号召，从而激发人们的共鸣，形成公众舆论或公众事件。

对这两种不同的机制，迷因没有并区别对待，也没有左右为难，而是在两者之间交替转化。比如，多数流行都起源于某个公众话题，但被高明的策划者发现之后，他可以对其进行引导、包装和扩大传播，从而掀起更大规模的风潮，影响更多的人。

那么，舆论的弱点是什么呢？或者说，你没有看到的公众舆论的危险性是什么呢？我想起互联网论坛上流行的一条迷因——那是一则被戏仿的消防员法则：“**你不要相信谁会永远记得你。民众的同情和歌颂就像爆炸的仓库，会瞬间爆发，绚烂夺目，却也转眼即逝，烟消云散。他**

们给予的鲜花，终将散落在地上，一片狼藉，只有你的家人才会留下来打扫废墟，拾捡你的遗物。”这段话充分说明了舆论迷因“来得快，去得也快”的特点。舆论场上的同情、歌颂、指责、讨伐、欢呼雀跃或义愤填膺，都只是情感消费，跟真正的道德和正义无关，你很难指望它能够真正改变某些东西。

好奇心是迷因

负面的公众事件很好地为我们阐述了迷因的作用——每个人都具有的“天生的好奇心”是其背后的强大推动力。好奇是造物主植入人类潜意识的种子，它伴随基因而来；好奇让我们对别人的隐私有狂热的窥探欲。

比如，数年前在整个华人地区引发轩然大波的某照片泄露事件，起因仅仅是电脑修理人员基于偷窥客户隐私的那一瞬间的好奇心。他并不会思考自己为什么要这么做，只是简单地想看看明星的私生活有什么花样。随着第一张照片被放到网络空间，事件就失控而且不可收拾了。迷因一旦开始，就无法被阻止。即便涉事明星公开致歉并宣布退出娱乐圈，这起由好奇心引爆的公众事件仍然没有结束。整个事件作为又一个迷因，引发了明星的公共信任危机，影响到了许多由明星代言的品牌和其他不相干的公司，甚至促进了大陆明星代言产品规则的修正。这是因为，愤怒的粉丝集结起来，共同抵制涉事明星代言的产品和企业，他们一方面拼命地传播那些照片，一方面又觉得必须做点什么，来安慰自己受伤的心灵。

导致事件迅速传播与扩大的助推器，是与媒体一直保持互动的大众——他们的好奇心汇聚成为宏大的河流，推动着事件奔向失控。大众有时坚定地认为自己爱上了某个事物，实则是受到了好奇心的摆布。他们是如此擅长自我欺骗，因为好奇心会将自己装扮成类似于爱、兴趣、关注、研究、价值观等这些冠冕堂皇的东西。

进入公众舆论与迷因结合的时代，我们已经无法预知未来。在所有的流行事件中，我们都能看到一系列的符号和标签，它们是公众的定义，是迷因的副产品。多年以后，当人们再次提起卡戴珊时，或许想到的第一个标签仍然是哈登（2015年底卡戴珊三角恋事件中的NBA球星），而不是她在事业上有多么骄人的成绩。

呼风唤雨的传言

新的传播环境在不断削弱明星对自己形象的控制力，这值得我们关注。传言没有办法得到控制，在社交平台日益发达的今天，随便一句话、一件20年前不足为奇的“丑事”现在都可以产生惊人的破坏力，如同刮了一场飓风。就拿前面提到的某事件来说，它起因于几百张不雅照片，继而又出现了多种版本的传言，被人们在社交工具上疯传，终于酿成了一个大事件。这预示着，互联网正在为迷因学时代的信息传播敞开大门。

有了网络之后，人们不需要再从传统媒体那里获得信息，更是告别了口口相传的物理传播时代。打开一台电脑或一部手机，你可以自由地使用网络社区和功能强大的搜索引擎，或者在微博、推特、脸书上发布任何观点。这些都是信息传播渠道，是我们所说的“迷因池”。

没有谁可以控制源头。传言的成本几乎为零，消灭它的代价却是高昂的，甚至高到不可承受。加州州立大学的传播学教授瑞克说：“如此情形让消息源头无限隐匿，难以控制。一夜之间，这个世界就进入了个人互联网时代，每个人都是传播的发起者，可以对大型机构发动平等的战争。”

积极的启示。在这个问题上，一向财大气粗、实力雄厚的传媒大鳄也无可奈何，甘拜下风。深受上述事件困扰的香港娱乐公司在互联网传播面前一败涂地，他们花费重金打造的明星形象毁于一旦。在沮丧之中会不会有所收获呢？这个事件的积极启示是什么呢？首先，必须重新审视舆论和公众事件在互联网时代的新特点。和过去不同的是，如今舆论翻手为云，覆手为雨，没有哪个机构和个人能够与之对抗。负面信息的传播更快了，公众事件的制造也更简单了。假如有积极的经验，第一条就是：多加小心。其次，为何不利用迷因的特点，将互联网传播模式转而为己所用呢？既然舆论是不可对抗的，那就索性放弃对抗，让自己成为迷因传播的参与者，去开发公众的好奇心，为自己的利益服务。

促因和情感倾向

一夜成名的明星是因为运气好吗？不全是。要知道，情感病毒才是流行的促因，占领心智才是制胜的关键。为此，你需要寻找“特定群体”，然后制造促因。

有很多美国人不喜欢安妮·海瑟薇，认为她太虚伪了（完美的另一种说法）。《旧金山纪事报》（The San Francisco Chronicle）的网站把她列为2013年最令人讨厌的名人，并且说：每个人都不希望看见她。安妮到底做了什么，才惹怒了这么多人？一位名人博客的作者解释说：“她身上有某种东西会惹恼我，她很不真实，并非只有我一个这么觉得。”

然而，有多少人讨厌她，就有多少人喜欢她。安妮的“死忠粉”遍布世界各地，从美国到加拿大，从英国、东欧到中国、日本和韩国，你总能从街头随便一个地方找到喜欢安妮·海瑟薇的人。仇恨者的怒火熊熊燃烧，粉丝则为她抱屈。这是一场攻讦与反击的战争，是永无休止的话题，它本身就是流行的一部分。

·“听着！我不想用过多的词来形容安妮，因为喜欢她的人已经说得太多太多了，我只想对你说一句——这个女人就是一面镜子，让我可以迅速分辨出那些攻击她的人是肮脏和丑陋的。因为在她身上有美好和洁净的东西。”

·“当我看完那些采访、所有的娱乐节目和颁奖礼，我发现安妮其实是相当低调的。她从来不炫耀自己，我真不知道那些指责她虚伪的人是怎么想的！他们每天都在琢磨伤害别人，而不是审视自己！”

·“每逢记者采访，嘉宾主持，影片宣传，或者有其他活动时，她总是那么有风度地说，‘你们先来’。她彬彬有礼，谦虚和善，亲切的笑容一直挂在脸上，这难道不是优点吗？为何觉得这是假的呢？心里有鬼的人才这么想！”

·“她的眼神单纯干净，你除了觉得应该好好地尊重和保护她之外，不会产生任何邪恶的想法。我知道有一些人在骂她，但面对这样的一双眼睛，你们不觉得羞愧么？”

·“安妮真诚而坚强，从不在人前落泪。她因为自己的真诚而数次在爱情中受骗，这就是事实。”

在东京街头，安妮的支持者情绪激动；在加利福尼亚，有人希望安妮听到这些忠实粉丝的心声，不要把“低俗的诋毁”放在心上。埃伦评价这种现象时说：“流行就是情感的投射，不管你喜欢还是讨厌，它都代表了你自己潜意识中的情感倾向，安妮具备这种促因来引爆粉丝的情感大战。”

情感投射

粉丝和偶像的关系是一场情感投射的心理游戏。我把讨厌某位明星的人也定义为粉丝，他们的情感投射是一种“负曲线”。这是迷因的一部分，它创造了两种粉丝，共同推动着流行。所以精明的娱乐公司在包装明星时，制造了很多可供公众争吵的话题。

好莱坞影评家格兰希尔说："如果一个明星不让人骂几句，他（她）怎么能红呢？"

让人喜爱和让人唾骂，都是必要的情感投射。明星在现实中具有强大的标榜作用，他们的生活——身体的一切部位、言行举止的每一个细节对粉丝来说都是极为重要的。粉丝对此投入了大量的感情，这种感情时刻在催生讨论。他们努力维护心目中的偶像，保护和捍卫偶像的形象不受玷污，只要不出现太大的原则性问题，粉丝总觉得自己的偶像是完美的。"光环效应"在扩大情感的投射，也让流行继续下去，而不是昙花一现。

情感投射的本质是人们对自己的期望。人们希望自己的生活是顺利的，同样也会盼望偶像的生活一帆风顺，比如爱情方面。粉丝认为偶像就应该像童话故事里的王子或公主一样，和自己的另一半相亲相爱，终生不负。人们经常把内心所憧憬的生活投射在偶像的身上，希望偶像能拥有理想的生活，代替自己实现无法完成的人生目标。

因此，当明星夫妻宣布离婚时，或偶像的"隐婚事件"曝光时，粉丝们所憧憬和向往的生活、情感状态的平衡就会被打破。过去数年间在内心构筑的完美形象破灭了，他们就会感到失望和痛苦："他（她）欺骗了我！"进而去指责自己的偶像。这就是情感投射对流行的影响，同时也是偶像必须承担的风险。

互动传播情感

围绕安妮·海瑟薇还有很多话题：

· 她的嘴巴有点大，还是五官太小了？

· 她漂亮有天分，但形象是否过于完美了？

· 她是好莱坞之花，还是人见人嫌的“心机女人”？

· 她的“不真实”出于什么原因？

明星走红有两个核心的关键点：一是粉丝的数量，二是粉丝间的情感互动。关于安妮的这些话题每天都被人反复咀嚼，在媒体报章和互联网平台已然成为一种现象。这就是互动，是情感加温的必要环节。“互动”是可以人为创造的。从迷因学的角度看，关注便意味着信息的传播，而传播必然产生互动。

一个争议不断的明星必然站在流行的最前沿。没有为什么，这就是人性。争议是不同情感和不同观点的对撞，争议也带来了沟通。这就是今天那些二三线明星拼命为自己制造话题的原因——哪怕是“骂点”，对提高他（她）的曝光度以及社交互动频率也是有利的。能引发讨论的话题就是迷因，能使大众带入情感的话题一定会引起更大的轰动。有些人总是深谙此道，比如一些故意攻击甚至辱骂选手的选秀活动的评委，如果大众无动于衷，他（她）反而非常失望。

你红了，但并不是天生就有感染力

迷因的传播类同病毒的感染，而流行的感染力是可以创造的。

情感和思想可以感染到别人。情绪就像病毒——不，它比病毒的威力还强，病毒让人生病并恨之入骨，情绪却可以使人们坠入其中欲罢不能。不管是好的还是坏的情绪，它都传达了信息，以思想的方式让你接受它，然后传播它。

“第一印象”的迷因

埃伦告诉我，有的人生下来就是要做明星的，这样的人本身就是迷因。这和运气可扯不上关系，而是跟他身上的一些特质有关，比如漂亮的外表，修长的身材，迷人的笑容（哪怕哭泣也很迷人），富有感染力的唱调和表演的技巧（后天的学习）。不过，这些还不够，最重要的是性格——坦率而亲和，镜头下平易近人，一言一语都让人感到亲切。

林迪是《华盛顿邮报》的记者，她刚从事这份职业时十分辛苦，总抱怨那些明星都太大牌了，不是那么好亲近，但唯独汤姆·汉克斯是例外中的例外，让她如沐春风。“我喜欢见到他，电视上也一样，他是天然的巨星。”她迷醉地说着，一脸崇拜，“汉克斯是最高贵的绅士，但又不乏亲和力，他给人的第一印象就是这样，而你也会希望和他进一步交流。”

汉克斯的微笑是那么富有吸引力！不止林迪是这么认为的，众多活跃在好莱坞工场的传媒记者都有这种感慨，只要他一笑，你就感觉天空是蓝的，顿时如同香风袭面。“天啊，我迷死他了。”向来以对偶像不感冒著称的林迪也在推特上这么写道。

第一印象就是有这么大的魔力和感染性，它简直是在无成本地进行传播，就像一股温暖的洋流出现在冰冷的海水中，所有的海洋生物都争先恐后地投入它的怀抱。但是，后天的训练也很重要，那些**并不必然走红**的人通过特定的培训，也能使自己笑起来非常美好和富有感染力。

我们在生活中也能看到一些这样的人，他们容貌一般，但是只要一笑起来，整个世界就充满了暖意，仿佛春天来了。比如，香港女明星林嘉欣就是因为自己的笑容给粉丝留下了极为深刻的第一印象。她的笑容使她显得清纯可爱，很容易被记住。在迷人微笑的衬托下，她微胖的身材就不那么引人注目了。

微笑为什么是最难抵御的迷因？因为微笑不需要修饰，不必考虑如何表达，简单，易懂，直接。一个擅长微笑的脸庞，就是最自然和最纯粹的第一印象，也是最美好的、最善意的同时又最真诚的黏合剂。

创造、复制和传播“感动”

“莱昂纳多·迪卡普里奥终于获奖了！”当《荒野猎人》的热映风

潮逐渐熄灭时，它成为了一个引发回忆和传播感动的迷因。感动本身就是流行的因素之一，这部电影的主演莱昂纳多则用半生向奥斯卡冲刺的坚持谱写了更为宏大的流行。

人们足有20年的时间在不停地猜测和讨论："小李子"什么时候才能拿到小金人呢？这个话题在每年的奥斯卡颁奖礼前的两个月都会登上全球热搜榜，其热度甚至超过美国总统竞选。相比之下，电影的内容却没有多少人去关注。

当颁奖结果出来时，我的一位朋友赫斯汀小姐在社交网站激动地说："这是最美好的一天，我无法用任何词语形容自己此时的心情！我只想说，支持他这么多年是值得的，这太让人感动了。"全世界都在感动！在那短暂的10分钟内，社交平台就像炸开了锅一样，影迷的感动达到沸点——核爆炸式的传播开始了。次日清晨，这一消息果然登上了各大世界级媒体的头条。

莱昂纳多是怎样展示自身独特形象的呢？或者说，他的公众形象是怎样征服一大批观众的呢？

多次当面采访过他的记者乔尔这样说："我不得不嫉妒这样的男人，他的魅力在好莱坞是独一无二的，他是个特别容易让人感动的明星，这和其他的名人大不相同。"乔尔提到了几个例子，"他的头发抹得油光锃亮，他总是矜持地对着镜头坏笑，可他实际上是个好人，他是爱护动物的专家，是慈善家，让人尊敬。他演过了那么多知名的电影，像《泰坦尼克号》《飞行家》《纽约黑帮》等。我敢肯定，很多人都看过上述影片，他很了不起，但站在他面前，你看到的却是一个邻家大男孩，他一点儿架子都没有，真是不可思议。"

看看媒体这些年来对他的报道：

你能体会到他令人心酸的童年生活。他出生在离异家庭，童年时代和母亲在很多社区生活过，后来搬到洛杉矶一个破败且毒品交易泛滥的地方；他的母亲同时打几份工来维持生计；但他从小就有伟大的梦想，他5岁时便在自己最喜爱的电视节目“Romper Room”中亮相。

他是个喜欢动物的家伙。为了救助受伤和被遗弃的动物，莱昂纳多成立了数百万美元的基金。他不是有钱以后才这么干的，而是从小到大都是如此。他自己就曾经有一条名为“暴雪”的蜥蜴，他还把它带进了《泰坦尼克号》的片场。

他是个在好莱坞长大的人，但生活并不奢侈。他没有保镖，不开私人飞机（对其他的好莱坞影星来说稀松平常），也不买奇怪的东西。喜欢收藏电影海报，这可能是他最大的爱好。

如果你的生活中也充满了这么多的闪光点，而你又是一个富有才华的人，那你怎么可能不成为流行呢？不管怎么样，能创造感动才能引起人们的关注。

“情绪植入”的秘密

笑声和热情都会传染，触发传染的机制就是“心锚”，成功的广告是因为成功地植入了“心锚”。

情绪是我们内心的波动。如果有一种仪器能测量情绪，你会在屏幕上看到类似脑电波式的跳动曲线。是什么创造了情绪，让我们或激动、或悲伤，并愿意把这些感触与他人分享呢？在心理学上，这被称为“心锚”。就是说，人们在生活中看到或听到某种特定的东西，就会产生各种不同的心情，泛起情绪的“电波”。这种可以刺激我们的大脑并使其产生特别感觉的事物，就可以定义为“心锚”。用迷因学的概念来解释，“心锚”就是情绪因子。

总有一首歌，能打开你的心扉

下面的例子可能是最简单同时又是人们最有感触的：总有那么一首歌，当你听到之时就会想到某些特殊的事情，内心泛起某种特殊的情感。

有一次我走在街头，突然听到对面的音像店响起了一曲《天国的女儿》，悠扬的乐声顿时像钉子一样把我固定在原地，我沉浸在那曲音乐中，久久不能回神。我把这件事记到了自己的笔记中。它告诉我，每首音乐都代表着一种特定的情绪，音乐就是情绪因子。

作为心理学教授，埃伦解释说，我们可以把“心锚”理解成一种按钮，它能开启特定的情绪体验，让你进入某种状态。它可以是音乐、气味、图片或者动作，甚至还可以是鸟的叫声、饭菜的味道和闹钟的吵闹声，总之能让我们瞬间产生某些强烈的情绪。

经典条件反射

理论基础——巴甫洛夫的“条件反射”实验。

“心锚”的理论基础来自于心理学中的“条件反射”实验。巴甫洛夫并不准备虐待他的狗，他只想看看这只狗在饥饿状态中会作何反应。他用中性刺激（铃声）和非条件刺激（狗粮）来刺激这只狗，狗粮能够让它产生饥饿的感觉和进食的欲望，而铃声则是不折不扣的“心锚”。每当铃声响起时，狗就会流口水。因为在实验中，响铃的同时，巴甫洛夫就会为它拿来狗粮。

关键的问题也许是，怎么样才能成功地植入“心锚”呢？

情绪的囚徒

成功的前提是把一个念头植入脑袋。举例来说，当你处于某种强烈的情绪体验中时，可以马上给自己一个中性的刺激，连续几次之后，“心锚”就完成了设置。比如说，每当遇到开心的事情时，你就大哭几声。是的，在高兴时让自己哭，这很怪异，但神奇的事情还在后面。你开心了10次，每次都在情绪最高涨时放声大哭，那么今后的日子里，你一旦故意放声大哭，就会感觉到很兴奋。这个特别的举动开启了你的“心锚”，形成了条件反射。

再想想看，在电影屏幕上，女主角穿着高跟鞋声嘶力竭地跟恐龙赛跑；灰姑娘在唱歌时被白马王子看上了……这些不是现实也非科学，可观众却为之感动，并进入了特定的情绪。很多植入广告就是利用了这一原理，它们用特定的情节让观众产生条件反射，从而实现情绪的转变——从积极转向消极，或者从消极转向积极，从而使观众对产品产生深刻的印象。

埃伦的研究伙伴、同为心理学家的蒂姆说：“故事扭曲了我们处理信息的能力和方式。故事制造着情绪，也改造着我们的情绪。我们距离理性还很远。”就是说，每当人们因故事情节而陷入某种情绪时，就容易丧失理智，成为更大范围的情绪传递中的一个环节。

人类是情绪的囚徒。现任普林斯顿心理学教授的威廉姆斯有一次突然在讲堂上笑起来，一开始是浅笑，接着是大笑，最后是狂笑。他扔掉手中的教案，笑得前仰后合，一边笑还一边手指窗外，好像那儿有什么特别令人开心的事情。台下的40名学生感觉莫名其妙，纷纷朝窗外看去，外面其实什么东西都没有，但过了两分钟，就有学生跟着笑了起来，又过了3分钟，这间教室里的所有人都在笑。

他是故意这么干的，他就想看看自己的学生能坚持多长时间。结果无疑是让人失望的，不过也在我们的意料之中。威廉姆斯轻易地为学生植入了特定的情绪，让开心在教室内传播开来。

你能够保持清醒，就不会被故事的幻象欺瞒，虽然这很难。令人稍感欣慰的是，我们还有机会从流行潮中挽救自己，至少表现得不那么疯狂和幼稚。大规模的流行现象的背后，总有群体的跟风在起作用，跟风复制、跟风传播，进而引发了信息的大爆炸。假如你能在任何时刻停下来，问问自己这么做有何意义，而不是无意识地听凭本能支配，就或许有机会超越群体的非理性。

第四章

迷因营销学：把用户变成你的服务生

口碑营销的4大迷因定律；关注力的变化是由信息的变异决定的，而不是由产品本身的价值决定的；科技的进步使零成本营销成为可能；每个电脑用户都在释放信息的“病毒”，他们为什么停不下来？制造话题是催生迷因的第一步；传播的“魔幻三重奏”告诉我们：用户不仅是顾客，还是你的服务生；迷因学让营销变得更简单了，但它总是真假难辨。

永远停不下来的“病毒式营销”

“病毒式营销”的传播原理是什么？

任天堂的社长山内溥先生在提出“病毒式营销”时，也许并没有意识到迷因的作用。他告诉我们，很多优秀的产品在刚开始销售时并不引人注目，但随着时间的推移和口碑的传播，产品逐渐在消费者中间走红，进而顺其自然地垄断市场，或者形成巨大的销售规模。

也就是说，产品的受关注程度与产品质量的变化没有多大的关系，而是跟产品在消费者（受众）中的传播热度息息相关。这叫“**让大家告诉大家**”，它是“病毒式营销”的核心。商家只要提供有价值的产品和服务，消费者（受众）就会主动、免费地替你宣传。这一理论被提出后，营销行业的有识之士纷纷跟进，把它作为主要的营销手段之一。当互联网出现之后，越来越多的商家开始采用“病毒式营销”的策略，并将这一理念普及到了全世界。

“病毒式营销”的基本要素

“病毒式营销”仅仅需要质量这一个条件吗？当然不是。如果你只注重维护产品的技术指标来试图获得口碑，就会误入歧途。高质量的产品和服务虽然可能俘获消费者的心，但未必就能畅销，这是一个公认的事实。那些畅销的产品还同时具备了其他一些条件，这些条件恰恰是迷因营销学的关键。

拉尔夫·F.威尔逊博士是许多五百强企业的商务顾问，也是营销大师，他对“病毒式营销”做了一个全面的总结。他说：“‘病毒式营销’是战略级的武器，是所有企业都在力求掌握的市场工具。”威尔逊归纳了6项基本要素，他认为有效的“病毒式营销”不一定要包含所有的要素，但具备的要素越多，营销的效果就越好。很显然，如果同时具备这6项要素，一个产品就有机会成为迷因复合体，就像苹果手机对市场的影响力一样。

· 提供的产品或服务必须是有价值的；

· 向其他人传递信息的方式必须简单易行；

· 能够从小的范围迅速向很大的范围扩散；

· 可以促进公众的积极参与；

· 现有的技术和平台能够支持；

· 大众的资源能够主动加入。

从信息的“自发传播”开始

信息在“病毒式营销”中的作用是什么？信息源和基因在本质上有相同之处，你不需要对它特别做什么，它就可以依靠用户自发的口碑宣传，以“滚雪球”的方式，达到相当的传播规模。它在本质上描述的便是一种“信息传递战略”，这是研究迷因营销学最大的价值。

为什么我们称它为“病毒式营销”呢？是因为这种营销方式就像病毒一样，能够快速复制、传播和演化，以极低的成本把“信息”扩散到成千上万的受众中去，达到超出预期的效果。现在，随着技术的进步，自发传播的成本越来越低，用户只要点一下手机屏幕就可以了，而且流量费几乎可以忽略不计。

同时就像前面提到的，用户的自发传播带来的就是“口碑营销”（Word of Mouth Marketing）。产品的信息直接从一位用户传播到另外一位用户，再传播至更多的用户，全都是点对点的复制和传递。这期间会有用户根据个人体验对产品做出评价，这些用户评价也会不断增强传播的效果。朋友、亲人、同事之间的自发传播，无意间扩散了某种产品的影响力，目前在中国非常兴盛的微商便充分利用了这种方式。

在艾利朗·卡茨和保罗·拉沙非合著的《个人影响》（Personal Influence）一书中，他们提前50年为我们介绍了“**消费者和消费者接触的力量**”，并将其定义为一种两级流动（two-stepflow）的运作：两个人就能形成信息的流动，并能以最小的流动链为出发点向外围扩散，把更多的人链接起来。

当其中的一位复制者有较强的影响力时，传播就会被加速，因为他有能力把信息传递给其他影响力更大的人，他和社群的关系是普通人无法比拟的。所以，“病毒式营销”的起点通常都是经过精心挑选的——在社交平台仔细观察的话，你会注意到信息的源头经常是一些具有一定影响力的名人。

用户的无偿劳动

虽说天下没有免费的午餐，但“病毒式营销”却经常是零成本的，是人们自发参与的。很多时候，人们是无意识地替产品做了宣传。一个人转发了一条微博，或在推特上发表了100字的感慨，或在微信上上传了一张图片，这对他来说是生活的一部分，也是再正常不过的行为，但对产品而言，这条图文并茂的信息却是迷因的进一步传播，它意味着产品信息又多传递了一个环节。

为什么人们愿意无偿劳动？主要是迷因利用了目标消费者（用户）的参与热情。虽然商家投入到渠道营销的推广成本依然存在，但后续的传播和宣传费用却因为用户的热情参与而降到了可以忽略不计的程度。产品的吸引力就像“病原体”，把本应由商家承担的成本转移到了用户和参与者的身上。

几何倍数的传播速度

我们知道，传统广告是平台投放式的，属于“一点向多点辐射”的营销模式。路边的海报广告，电视广告，互联网的页面广告，各种弹出广告等，都没有超出平台投放的范围。实际上，在这种营销和传播模式中，你无法确定信息是否真正到达了目标受众。人们也许看了，也许没看，或者是虽然看到了但根本不感兴趣，甚至设置浏览器禁止弹出广告窗口，把你的信息杀死在网线之中。这类传播方式真的就像上帝掷骰子，你无法精确把握其效果。

“病毒式营销”则完全不同，它是自发的、扩张性的信息推广。它不是像传统营销那样面向所有可能的受众（如电视机前的每个观众），而是渗透进我们各自的人际圈子进行“多点对多点”的精确传播，它可以保证每个接收信息的人能够看到并理解信息，然后充当向下一环节传递的中转站。

迷因主宰了这个过程，并把产品和品牌的相关信息极速地传达给了目标消费者。

1. 高效率的接收。

有“广告毒师”之称的霍利尔近期参与了华盛顿一家公司的视频广告的策划工作。他6年前的工作是动漫设计师，后来转型为营销推广顾问。为了保证用于广告的视频是有趣的，他要做的事情就是赋予其“高质量的故事”，用有趣的故事提高传播效率和用户黏度。

“当人们看到一个好玩的flash时，他们的第一反应就是用手机将其转发给好友、同事或亲人，这样就产生了无数个‘转发站’，形成了一支转发大军。这就构成了几何倍数的效率提升，传播的速度有多快，接收的效率就有多高。”

这是大众媒体的平台投放模式做不到的，就拿电视广告来说，手持遥控器的观众同时面对数百个频道，可选择性实在太多，广告刚一播出，大多数人就要换台了。即便同一时段各个频道都在播放广告，观众自然也有不看的权利，即便观众耐住性子在看，不同频道的广告也不乏同类产品“撞车”的现象，这也降低了受众的接受效率。但“病毒式营销”不存在这些缺陷。“病毒式营销”中的信息是受众从自己熟悉的人那里获得的，而接收信息是一个积极和主动的过程，渠道也是私人化的，例如微信、推特、电子邮件、短信等。由于传播渠道比较私密，受众的戒备心理通常会很弱，对内容的理解和接受程度也会很高，这都使得“病毒式营销”的传播效果远远优于传统营销。

2. 更新速度快。

网络时代的一个最大特点就是，信息的更新速度非常快，热点事件转瞬即逝。昨天还是高温600度的事件，今天可能就降到了十几度。因此凡是成功的“病毒式营销”，它的传播过程通常都是呈现“S形”曲线的——刚开始的传播速度不是很快，当具备一定受众规模后，传播速度就会突然加快，热度也飞速上涨，形成一种全民关注的景象，在此之后，传播速度又会逐渐慢下来。

这一特点表明，如果要利用“病毒式营销”的传播规律，就要抓住“S形”曲线的上涨阶段，在它下落之前，将“传播热度”转化为“购买力度”，才能实现最佳的营销效果。

成功案例——寻找背后的迷因

1. 提供关注的理由，让内容值得分享。

法国的毕雷矿泉水（Perrier，又称巴黎水）最近十几年在北美市场的业绩深受诟病，管理层为了改变销售不佳的情况，从2011年起利用新兴的数字、社交及视频媒体进行了一次全新的品牌推广活动，目的是吸引年轻一代消费者的注意。广告界大鳄奥美公司和CYE为其提供了协助，经过一番谋划，毕雷矿泉水在全球最大的视频网站YouTube上发布了一系列以“Le Club Perrier(巴黎水夜总会)”命名的视频广告。在视频画面中，舞者尽情狂欢，夜总会的气氛十分热烈。毕雷矿泉水在发布这一广告时即向观众承诺：观看的人数越多，广告的内容就越性感。这一承诺顿时引发了点击狂潮，赢得了超过一千一百多万次的总点击量，顺利提高了该品牌在北美市场的曝光度。

毕雷矿泉水的方法是，传递出足够的价值，使你的活动值得被分享。

迷因学中最重要的一个因素就是“**复制和传播的价值**”。没有价值的东西是不会被复制的，更不会被传播出去，也不可能形成迷因。对广告发布商来说，与其在发布了视频广告之后苦苦哀求观众转发，不如用值得观看的内容吸引他们主动点击和转发。年轻人从来不会把时间浪费在缺乏创意和刺激感的广告上，要吸引他们，你得在内容上下功夫。

2. 提高普通人的参与感，让消费者成为推广者。

加拿大的服装新贵露露柠檬（Lululemon Athletica）成立于1998年，其主要产品是瑜伽装。该公司认为自己不是在卖衣服，而是在为人们“提供不一样的生活方式”，它没有像耐克、阿迪达斯等大公司那样将重点放在运动服装上，也没有花费上亿美元来邀请体育明星拍摄广告和参与品牌推广。从成立那天起，该公司就坚持走平民路线。他们制订了一个“大使计划”——招募当地的运动员以及健身教练，没有代言费，只为他们提供价值1000美元的运动器材和服装，让他们带头体验公司的产品，并向学生和当地健身中心的学员进行推介。这些大使不管去哪儿锻炼，都会穿着该公司的衣服。这种宣传方式成本非常低，但效果却极好。这些人和社区的关系非常紧密，因而很好地带动了普通居民的参与，吸引了不少人加入露露柠檬的义务宣传队。

露露柠檬的方法是：充分开发和利用平民的力量，让消费者成为推广者。

这是一种新的营销模式。确切地说，该公司使消费者觉得自己在参与一种新概念的生成，而新的生活概念就等于新的生活方式，这让人们觉得卖力宣传是值得的。对此，霍利尔评价说：“我的确喜欢这家公司的做法，它让普通人进行品牌推广，而不是电影明星或者那些代言费昂贵的体育明星。重要的是露露柠檬找到了一个让消费者变成推广者的方式，顾客说它很好，那它就真的很好。”

口碑是怎样炼成的

把所有人拖下水，让所有人都为你点赞，这虽然很困难，但仍然是有可能的。

马克·休斯是著名的口碑营销大师，他说："最有威力的营销手法，就是把公众与媒体一起拖下水，借由口耳相传，一传十、十传百，从而让你的品牌和产品讯息传遍全世界。"

如何做到"口耳相传"

我们先来分析一下口碑这个词：

·顾名思义，口碑就是指人们在口头上的称颂；

·它泛指人们的口头议论，也可以是在社会上广为流传的口头评价。

从这两条解释看，口碑是指大众的印象。凡是口碑较好的产品，都是指人们对它的直观感受和使用体验较好，并且愿意将这种感受告诉给其他人，让更多的人了解和购买这种产品。口碑是迷因的结果，是信息传播后的盖棺定论。大体上来说，口碑越好的产品，生产和销售它的企业在后期的销售成本就越低，抵御市场风险的能力也就越强。

派拉蒙影业全球副董事长罗伯·摩尔说："我们最需要的不是关键的传播渠道，而是有生命力的剧本。一个有生命力的好剧本，本身就带有病毒般的感染力。"这些年来，罗伯·摩尔把大部分精力用在了寻找好剧本上。剧本的质量决定了电影的口碑，口碑营销的核心是"内容为王"，好内容是好口碑的基础，是让人们口耳相传的前提，这是任何时候都不能马虎的。

我们的市场调查顾问琳达花了两年的时间研究一些精品美剧是怎样征服大批观众的，为了了解《绝命毒师》（Breaking Bad）横扫艾美奖的奥秘，她每天拿出6个小时独自待在一个小房间观看这部剧集，并与该剧的导演、编剧和一些演员做了深度的沟通。她得出的结论是：没有什么走红是偶然的。从剧本的选择、创作到拍摄，从演员的挑选和表演到播出的时机选择、营销推广，这是一个系统工程。为了达到最佳营销效果，制作方和宣传团队要穷尽智慧，开发剧本的"卖点"，以引起观众的兴趣，使他们能够自发讨论和传播。

信任的迷因

良好的口碑代表着信任，消费者信任一种产品，才会在外面说它的好话。因此，建立消费者的信任是非常关键的。

帕克是谷歌公司的产品体验官，也是谷歌在欧洲地区的首席产品经理。产品经理是干什么的呢？就是负责找准产品设计的核心功能，使之与消费群体的喜好结合起来，帮助公司打造优秀的产品。简言之，产品体验官就是代表消费者对设计人员提意见的人，他们的建议就是市场的需求。

为了和消费者之间建立信任，设计人员就必须关注用户对产品的需要——他们买东西是为了解决什么问题。在公司有设计能力的情况下，产品要保证这部分必需功能。就像冰箱的制冷、手机的通信功能等，这是“信任的硬件”。实现了这个目标，才能去谈后续的功能开发。在此基础上，为了获得用户更好的口碑，还需要在产品的设计和多用途的功能开发上达到更高的境界。各行业的高端品牌就是这么做的，他们的产品覆盖了低端、中端和高端的所有用户，对每一层次的用户群都提供了相应的“信任条件”，做到了每个功能都有好的口碑。

你需要改变用户习惯，让他信任你。普通的产品仅能满足用户的基本需要，而好的产品则能够改变用户。但是改变不是一蹴而就的，你需要通过长期的努力让消费者主动放弃旧的习惯。我们提供的“新习惯”要让用户如获至宝，从而形成足够强的讨论和推广的动力。比如，人们以前习惯了输入数字密码登录各种网络平台的账号，并对这种方式有极深的依赖和信任，想改变它是不容易的。但是，“指划密码”的新设计却迅速征服了用户，成为一种人人喜爱的新的登录习惯。因为它使用起来更加简单，安全性也更高。

你需要满足高端用户，让他对你有充足的信心。高端用户对产品的态度是挑剔的，他们在意每一个细节（中低端用户对细节有一定的容忍度），甚至在乎企业的文化和价值观（他们将消费视为自身生活理念和价值观的延伸）。面对这样的客户群，好的口碑来源于全方位的高质量服务。要满足他们的需求，除了在产品质量、品质上下功夫外，还要提升产品的附加价值。就像瑞典宜家家居的广告语：“宜家销售的不是家居，而是生活方式！”

个性化服务的3个要点

80%以上的口碑体现在个性化服务的效果上。个性化服务与大众化服务虽然都是流水线生产的结果，但产品的个性化功能更多着眼于用户的特殊需求。那么，如何才能让用户感知到我们的服务在个性化方面的优点呢？

1. 核心战略点。帕克说："假如你的实力和胜算都不到70%，没有绝对的把握在所有的环节都赢得赞誉，那就把精力放在最核心的地方，为产品定位核心功能，然后向这个区域聚焦，集中大部分资源来强化和宣传它，以获得良好的口碑。"作为产品经理和营销策划，核心功能永远都是我们获得用户口碑的战略支撑点，如果我们没有把这一块做到淋漓尽致，后期的营销就很难获得持续的动力。换句话说，如果产品的宣传和营销没有后劲，用户是很难持续增长的。

2. 提升常用功能。常用功能也可以实现个性化服务，比如针对中老年人和皮肤干燥群体的空调加湿功能、手机拍照的自动美化功能等，均是常用功能与个性化服务相结合的产物。它对提升口碑非常重要。

3. 要有细节的创新。用户是"**贪婪的美女**"，他们对产品细节的美化需求永不满足，如同对待化妆品的态度。人们在讨论一个服务或一件产品时，会把相当多的时间用在对细节的评判上。为什么乔布斯对苹果公司产品的细节是如此苛求？因为他吃透了消费者的心理。对产品的外观、局部甚至一个不起眼的按键，他都会上升到"人体美工学"的高度，仔细打磨，精益求精。重视细节成了苹果公司的企业文化，也为乔布斯赢得了尊重。你在细微之处的努力一定有机会成为人们争相传颂的迷因，这不仅能让用户的消费体验成倍提升，还可以为企业带来口碑和利润。

口碑营销的4大迷因定律

1. 互动定律：建立互动平台。

精明的商家都在为自己设立粉丝团、会员俱乐部等**社群平台**，以此集聚消费群体，培养忠实用户，一个典型的例子是小米的“产品型社群”营销理念。成规模的互动平台可以在第一时间传达企业的相关理念，对用户进行“洗脑”，还能借此收集消费者的意见，产生互动循环。实际上，社群平台正是“病毒式营销”的发起点，也是产品话题的“迷因池”。

2. 重视定律：任何时候都必须重视用户。

了解消费者的真实心声不是一件容易的事情，这需要大量细致的工作。当用户觉得自己没被好好对待时——哪怕对产品和服务有细微的不满，就可能放弃使用，而且会传播和分享负面评价给朋友，从而损坏产品的口碑。如果企业的反应稍显滞后，局面可能会发展到不可收拾的地步。因此，重视用户的关键是随时听取他们的意见，耐心解答一切疑惑，让他们体验到被尊重的感觉。

3. 内容定律：关键是提供优质的内容。

营销是杠杆，内容是支点。内容有吸引力，不但能降低营销的成本，还可以很快树立良好的口碑。反之，劣质的内容需要高昂的营销成本才能勉强打响口碑——这种虚幻的口碑也是不持久的，就像皇帝的新衣，早晚被人揭穿。内容是什么？是产品的功能，是服务的价值，这才是口碑营销中不可或缺的环节。

4. 分享定律：和用户分享企业的故事。

口碑是在人们的分享中建立起来的。要想让用户喜欢我们的产品，我们除了尽一切努力打造优质内容和卓越的产品外，还应该主动让公众了解我们的企业文化，认同产品背后的故事，并且鼓励他们分享给更多的人。企业的故事包括所有和产品相关的元素，从产品的设计、功能到员工的努力，从创始人的理念到产品要传达的意图，都可以拿来分享，让用户彻底地了解并爱上企业的经营理念。

谈论和分享——关注力无价

一个好故事，胜过一万次产品展示。

2013年上映的由汤姆·克鲁斯主演的好莱坞电影《遗落战境》的宣传专员深知关注力的价值，他用一段幽默的评论引发了人们的热烈响应："对汤姆有所期待和毫无期待的人，都应走进影院看看这部影片，我相信你会看到一部史无前例的科幻巨制。"

人们回应道："真的吗？你到底想说什么？"于是带着深深的困惑去买票进场了。

这是一个迷因——任何"自发的讨论"都是有趣的，我们能看到它激发的无限想象力，乃至不可控制的轰动效应。导演约瑟夫·科辛斯基也展示了他们是如何在宣传中将电影分解成一个值得分享的好故事来开展营销工作的。

"看过《月球》《星际迷航》《2001太空漫游》或《黑暗骑士》等影片的观众们注意了，这里面所有的科幻桥段加起来也不如汤姆一个人在《遗落战境》中的表演多，他演绎了责任感和使命感，重新阐释了未来。"

话题就是注意力。

什么是注意力？注意力就是人们对一个事件、一个主题或一些信息的关注强度和关注时长。在信息过剩的今天，人们的精力越来越分散，注意力已经成了一种格外稀缺的商业资源。能吸引到公众的注意力，就意味着你能把它转化为经济利益。因此，注意力不但是营销追求的结果，还是一种可贵的经济资源。

这没什么可说的，今天是一个“注意力为王”的时代。就像英特尔公司前任董事长格罗夫提到的：“未来的互联网是一场争夺眼球的战争，**谁成功地吸引到了注意力，谁就是赢家！**”也就是说，高明的营销人员都在围绕注意力作战，试图通过制造各式各样的话题来引起公众的关注。有话题就有讨论，有讨论就有传播，有传播就有营销效果。

案例：丘比特内衣奔跑大赛。

2016年的情人节，澳大利亚举办了一场“丘比特内衣奔跑大赛”，比赛全程1.5公里，有1500人参加。根据比赛规则，参赛者必须身穿丘比特内衣，并且每个人都要穿上不低于7公分的高跟鞋，比赛的收入全都捐赠给儿童肿瘤基金会，帮助那些身患癌症的孩子。为了进一步引起轰动，赛事举办方还颁发了一系列奇葩的奖项，比如“最无耻团队奖”和“最牛高跟鞋奖”。在比赛进行当天，有超过30家媒体进行了现场报道，第二天则有上百家媒体刊登了这则消息，当地电视台也播放了视频新闻，网民也热烈讨论并分享给朋友，邀请他们加入捐款的行列。

这个商业活动充分体现了品牌营销中的迷因效应——话题的传播形成了人们对内衣品牌的讨论，产生了“注意力价值”。丘比特公司把这个活动列为每年的固定节目，和公益相结合的思路在赢得公众注意力的同时，也带来了良好的口碑。

眼球经济

通过话题炒作——展台营销、免费大餐、公益策划、明星丑闻等吸引眼球的活动换取公众对商家或者产品的注意力，就是“眼球经济”。策划者明白，只有大众对自己的产品和服务有了关注，看到了品牌的存在，才有可能成为消费者。所以卖产品和服务之前，先要制造点儿响声让用户看到。**对营销从业者而言，今天的工作已经从“卖什么”变成了“怎么卖”**，争夺公众的视线成为他们最重要的任务。

“眼球效应”带给我们的是一个神奇的世界，自由的传播创造了无数打破常规的营销奇迹。例如，为什么批评和吐槽的声音越大，有些电视剧和导演就越红呢？因为负面消息越多，人们对它就越关注。吸引到强大的注意力后，必然会产生不俗的经济收益。这不是我们希望看到的营销模式，但被商家广泛采用了。

案例：裸奔的“维珍领袖”。

理查德·布兰森是一位具有传奇色彩的英国富翁，他最响亮的头衔是“维珍品牌创始人”。这家公司的业务遍布航空、铁路、化妆品、唱片乃至安全套，伊丽莎白女王册封他为爵士。同时他还是全世界最引人注意的“嬉皮士资本家”，以“裸奔”闻名。

在信息大爆炸的互联网时代，为了吸引公众的眼球，布兰森可谓绞尽脑汁，最后他想到了“裸奔”这个噱头来博得人们的眼球。比如裸体奔跑在英吉利的海滩，双手遮住下体来回奔跑，为自己的品牌拍摄广告片。他倒是看得开，因为“裸奔”除了有点儿丢人外，并没什么生命危险。比起轰动的眼球效应，这点代价不算什么。

除了“裸奔”外，布兰森还有其他疯狂之举——为了博得媒体头条及全球的关注，他的想象力丰富，奇妙的点子源源不断。比如在维珍大西洋航空公司诞生20周年时，他驾驶世界第一辆高速水陆两栖赛车“阿夸达”横渡英吉利海峡；他还曾经两次驾驶一艘名为“维珍大西洋挑战号”的摩托艇横渡过大西洋，这种玩命之举听起来就丧心病狂，布兰森也差点赔上了性命，但结果却是让他拥有了极高的知名度，他的企业也变得家喻户晓。

到2007年时，布兰森的个人资产已经超过了30亿英镑。与此同时，维珍品牌在英国的认知度高达96%！不得不说，他的“眼球经济学”大获成功。他总能找到人们的兴奋点，并且借机抓住公众的眼球。因此有人说，对于维珍公司来说，最好的品牌推广者就是布兰森本人。

眼球经济的特点：关注越多，传播越快，价值越高。

从迷因学的角度讲，布兰森就是迷因。他独具一格的外在形象、放荡不羁的个性和时常出格的行为，是人们热议的对象。他的形象深入人心，甚至有变成一种现象的趋势。有评论家说：“这个家伙的资产不及巴菲特的一个零头，但他在商界的知名度却与后者并驾齐驱，甚至有过之而无不及。”对此我们只能说，布兰森是一个极为擅长事件营销的炒作大师。

霍利尔常年研究“**注意力营销**”和迷因的关系，他说：“注意力资源是无形资源，是信息的传播本身形成的，传播的速度越快，注意力的热度就越高。它代表的是消费者的购买力，也就是说，迷因在营销中是购买力的支点，它无处不在。如果你能学会运用它，就能洞悉营销的本质。”

故事营销

在18世纪，有一位英国政治家叫约翰·孟塔古，他酷爱打牌，痴迷到连饭都顾不上吃，因此他经常只能一手拿牌一手吃饼干。如何解决打牌和吃大餐不弄脏手这个两难的状态，让他颇费心思。有一天，他想到了一个好主意，把一片牛肉夹在两片面包里面吃，效果很不错，问题解决了，他可以愉快地一边打牌一边吃饭了。

你瞧，这是一个好故事，因为风靡西方世界的三明治从此登上了世界餐饮界的舞台。不知道三明治是什么的人，听完这个故事后一定印象深刻。你不需要对他详加解释或者刻意叮嘱，他也能记住很长时间。

1. 大脑爱听故事。

我们的大脑爱听故事，这是由生理特点决定的。一个有趣的故事除了会极大地刺激大脑内负责语言的区域外，还会调动起所有相关的、需要电信号激活的区域来帮助我们体验和记住这个故事。比如“三明治很好吃”，大脑中负责知觉和感觉的皮层就会活跃起来，想象三明治的颜色和味道。你的盘子里没有三明治，但你已经流口水了。再比如，相对于“女孩的声音很好听”，“女孩的声音就像蘸了蜂蜜的桃子一样酥甜”会让我们的大脑中负责感觉的皮层完全活跃起来，这时候，仿佛真有一个温柔的女孩在对你轻声耳语，让你心跳加快。

神经学家认为，这是想象对大脑的刺激作用。他们在科学实验中发现，当一只大猩猩伸手去拿香蕉，和一只大猩猩想象自己伸手去拿香蕉的时候，它们使用的大脑区域是一模一样的。这是大脑中的“镜像神经元”的作用，我们能够通过想象去感知经历某件事情时的感受，而不需要切身经历。就是说，只要有一个能充分激发想象的好故事，人的大脑就能兴奋起来。

2. 故事的催眠作用。

好故事在被我们自发地传播和分享前，首先“催眠”了我们的大脑。当霍利尔在给自己的学生描绘一个精彩的项目策划时，如果他手足舞蹈，兴致盎然，十分投入，也会使得坐在台下的几十名年轻人两眼放光，甚至有学生会在课后通过电子邮件跟他继续讨论。但当他提不起兴致，或者讲了一个枯燥的理论时，他会看到学生们垂头丧气、面无表情，下课后也根本记不得他讲过什么。

3. 故事在传播中的变异。

故事在被传播时也在被改造着——信息的变异体现——我们在故事中加入了自己的想法，让它变得更符合自己的期望，以寄托自己的某种情感。比如，当人们开始喜欢一个文学形象的时候，会不由自主地为这个形象加入其他人物的优点。像阿凡提、鲁班、凯撒大帝、圣女贞德、包青天等，我们在传播中创造了新的元素，反而把真实的主角形象淹没了。

简单来说，**精彩的故事征服了大脑，激发了人们分享、创造和讨论的热情**。每当我们听到一个好玩的、印象深刻的故事时，都会自动地与自己的某些经历、想法联系起来，同时也希望朋友、亲人等加入讨论，看到自己的想法。这是一个情绪的传递过程，高兴、痛苦、厌恶、嫉妒等不同的感受都在分享中传达出去了。而营销大师抓住了这些机会，植入了他们的商品。

名人效应为何总是奏效

“追星族”是怎么产生的？名人效应是怎样一种迷因？你购买过名人推荐的产品吗？

西施是中国古代的大美女，有着天下无双的容貌，但她身体娇弱，时常心口疼。每当疼起来时，她就捂着胸口、皱起眉头。有个相貌丑陋的女邻居看到了，就以为西施的美是因皱眉头而来的，于是也每天捂着胸口、皱起眉头，还给自己起名叫“东施”。这个女人的行为，就是西施的名人效应引发的。

“东施效颦”的迷因效应

普通人倾向于模仿名人。这表明，人们对有名望的人是十分崇敬的，特别是名人的粉丝，他们视偶像为人生的榜样，自然事事效仿，不管说话、购物还是其他方面，他们都会跟风而上，以显示自己对偶像的支持。另一个方面，人们也有崇拜权威的心理，潜意识中认为名人做的事情都是对的，说的话都很有道理，所以往往照办。

此时，名人就成了一个迷因复合体，他们的言行举止就是“影响力因子”。“名人效应”的本质，便是这种“影响力因子”的传播和演化过程。名人在社会上引人注目，集关注力、影响力于一体，是企业进行市场营销的绝佳工具。所以，“名人效应”已经在各行各业的营销中占据了主要的位置，是有实力的大企业推广新产品时优先选择的营销模式。

· 名人代言的广告有极高的收视率和关注度，转化出的购买力也高，因此大部分的广告都在利用“名人效应”。广告商不是在拍摄名人广告，就是在请名人的路上；

· 名人和慈善活动的结合是另一个迷因，正面形象的传播有助于提升企业的品牌价值，获得社会的认可。

简单地说，由于粉丝众多，名人自带迷因属性，他们的号召力是品牌营销的保障，能够带动大量的消费者关注产品、购买产品。这无疑令营销机构非常兴奋。名人的广告费往往是天价，代言一款洗发水的年报酬甚至高过一部好莱坞电影的片酬，但他们的推广效应足以帮助企业收回成本。

受众对名人的喜欢和信任，会自然而然地转嫁到对产品的喜欢和信任上。名人只要花5秒钟时间跟产品拍个合照，或者说两句话，他（她）的粉丝们就会蜂拥而至。这是典型的迷因。

广告符号学

从符号学的角度来看，**名人本身带有迷因的符号属性**，和一句话、一个视频、一个昵称、一张图片没有本质的区别。广告首先将名人的形象象征化和脸谱化，再精心设计一个广告故事，使得观众在接收到广告信息的时候，可以通过故事与名人产生沟通。广告成功地实现了情绪植入，种下了购买产品的促因。

国内一家经济调查机构曾经对北京、上海和广州这三座城市的常住居民进行抽样问卷调查，询问他们对名人广告的看法，结果显示：

有50.2%的人认为自己会关注名人广告；

有10.5 %的人认为自己会购买名人代言的产品；

有38.3%的人认为名人广告对自己没有更多的影响。

从中我们可以发现，名人广告对消费群体首先有高达五成的眼球效应，其次能够将五分之一的关注度转化为购买力。与其他类型的营销策略相比，这个比例是非常惊人的。这说明名人是一个具有超强黏附力的广告符号，他们的高知名度可以引起高关注率，对受众形成强烈的视觉冲击。再者，由于“晕轮效应”的存在，粉丝对偶像的一切都盲目接受，肯定也会喜欢他们的生活方式，购买他们代言的产品。作为一个高价值的广告符号，名人广告的营销效果是高回报的。

号召力和影响力

1. 名人具有价值导向作用。

从传播学的角度分析，名人的价值导向易被公众认可，从而实现快速传播。因为广告本质上是一种信息传播活动，有价值的信息才能更快地获得传播。名人具备这样的功能。

2. 名人能够为产品提供附加值。

名人的知名度有利于提高企业的品位，提升产品的附加值。从受众的角度说，购买名人代言的产品也能满足自己的心理需求。

3. 名人的特殊地位减少了广告的传播阻力。

名人的号召力和影响力自带传播属性，无形中减少了信息传播的阻力，强化了广告的同化功能。

4. 定位才是促因。

名人效应要想成功，还要和产品的定位结合起来。换句话说，要考虑到名人的公众形象，选择适合产品定位的名人，才有助于实现1+1大于2的效果。比如，万宝路将自己定位为硬汉风格的男性香烟品牌，就不适合邀请形象阴柔的明星来代言，而应瞄准施瓦辛格、成龙这样的硬汉明星。这样才能和公众的既有认知结合起来。

不确定性：迷因的测不准定律

量子世界有不确定性之说，这也是迷因的基本原则，信息是量子级的现象，始终遵循测不准定律。

1927年，德国物理学家海森堡提出了量子力学的基本原理——不确定性原理（Uncertainty principle）。它的主要内容是，要想同时精确测量一个粒子的位置和动量是不可能的，例如原子周围的电子的位置和动量，总有一些限制因素让你无法下手。这是因为：

第一，测量行为本身将会不可避免地扰乱到测量对象，改变它的状态；

第二，量子世界是基于概率而存在的，你无法精确地测定一个粒子的具体状态，这是由量子世界的根本属性决定的。

比如说，我们要测定粒子的位置，至少要用到一个光量子，而光量子一定会扰动目标粒子，以一种无法预见的方式改变粒子的状态。观测行为本身就在不停地扰动粒子，这是无法突破的限制条件。

同样，**信息也具有量子世界的特性**，在传输、变异和演化的过程中，始终遵循着“测不准定律”。即：**信息的变异无时不在，一旦开始传播，它就会产生很多分枝**。

信息的变异

卡耐基·梅隆大学的教授格来哲·摩根说：“用符号代替信息（思想）来讨论问题时，一个关键的议题是符号的‘理解性’。我们应该怎样来理解符号呢？观众对‘一句话广告’的理解有多少种可能？他们的理解和广告策划者的初衷是否一致？在商业活动中你总能看到这些不确定性，有些很好的创意最后执行起来却南辕北辙，并不能收到预期的效果。这是因为信息在传播中的变异和人们的理解差异，导致我们事先不能准确地知道某种决策的最终结果。”

迷因的基本原则给予了结果很多的可能性，不打开盒子，你就不知道那只猫是死是活。

无法控制的促因

传播的不确定性正是有趣的地方。不确定性的关键在于，人们的关注点的变化，总会造成迷因的改变或迷因的再创造，形成新的促因。为什么事情总是不如预期？因为你没有看到或预计到变化，并做出对应的决策。不过，精准的决策是如此之难，即便这个世界上最优秀的头脑恐怕也不能从容不迫地战胜迷因。

问题是，在充满不确定性的市场中，如何才能找到行业的引爆点呢？

据此，摩根告诉企业家们，打开销路的关键是找到产品的差异性。由于迷因不确定性定律的存在，就算所有人都在做同一种产品，最后大家的产品在功能上和设计上也会千差万别。这正是我们可以利用的地方，为什么不制造一个和竞争对手不一样的标签呢？如果这种差异能博得眼球，形成传播效应，那就再好不过了。

例如，当360公司进军杀毒软件领域时，金山和瑞星两大巨头已经在这个领域做得非常成功了，它们是垄断者。瑞星当时的收入每年都有7到8亿人民币。360要如何营销自己的产品呢？要知道，展开同质化竞争的难度是非常大的，可以说完全没有胜算。但是360找到了新的引爆点，或者说新的流行的促因——免费。免费模式让360瞬间拥有了极大的差异性和竞争优势，开启了新的流行。它不用投入巨额广告费，因为用户会自发地帮它做宣传。

第五章

迷因经济学：精英俱乐部统治世界

影响经济政策的因素是什么？经济和管理的未来在何方？决策者和投机者对大萧条负有不可推卸的责任，但我们无法责怪他们；免费经济依赖于消费者的关注力，但它并不是必然发生的；货币的价值与人心的关系；精英统治世界，是迷因在经济领域演化的必然结果。

大萧条总会发生

如果有变坏的可能，迷因总会让它发生。

汉尼·弗里斯的邻居老约翰一家是从波特兰搬到华盛顿的，那已经是70年前的事了。在老约翰的记忆里，1929年那次经济大萧条是一生都挥之不去的噩梦。“那天之前，所有的事情都很美好，我们校园足球队的小伙子们每个周末都去港口附近的草坪比赛，没有比这更让人兴奋的事情了。但那天以后，一切都改变了。”他沉痛地想到了物价崩溃的那一天，“不知道为什么，钱突然不值钱了，任何东西都买不到了，尤其是吃的东西，面包，牛奶，火腿，蔬菜，忽然就从超市消失了，到处都是抢购，是农村来的逃难者。”

波特兰港口很快就失去了秩序，有一些船从大西洋驶过来，载满难民。欧洲人也不好过了，他们租了船横渡大洋，企图到美国寻找生存之地。但是，“美国梦”在这一天宣布破裂。老约翰后来才知道，这可能是史上最严重的一次经济危机。由于苏联木材业的强大竞争力，美国本土的木材变得不值钱了。然后是小麦和其他农产品，加拿大小麦的过量生产，促使美国政府强制压低全部农产品的价格。崩溃开始了，从美国到欧洲，再到澳大利亚，农业与金融业一起衰退，华尔街的股市自然不能幸免。

在所有类型的经济大萧条中，我们都会看到某些始源性因素——本该继续繁荣的经济体遇到了另一个经济体的强力挑战，为了争夺市场而爆发的价格战争如同一个不可阻挡的迷因，引发了各个行业的恶性竞争，包括过度的金融投资。当价格战争难以为继时，市场就像一个庞然大物突然倒塌，压垮了身下的小木屋——平民总是最倒霉的。

当资本发生短缺时（资金由于恐慌而外逃），工业化国家不得不缩减出口和国内消费。这不是主动的缩减，没有人想削弱本国经济，这是市场缩减以后的必然结果。工厂关闭，货物减少，运输业受到重创，接着危机就感染到了造船业、铁路业，其后是大规模的失业。老约翰的父母就是因为失去了工作而举家搬迁到华盛顿的。

据统计，始于1929年的那次大萧条中，美国有1370万人失业，德国有560万人失业，英国有280万人失业。整个世界的财富损失高达2500亿美元，为第二次世界大战的爆发埋下了诱因，经济出现严重问题的德国最终走上了扩军备战的道路。

一件事情假如有变坏的可能，不管这种可能性有多小，它总会发生。也就是说——如果这个世界有发生大萧条的可能，那么它就一定会发生，区别是何时引爆它，以及引爆它的迷因是什么。在道金斯看来，迷因是一种文化基因。在经济活动中，迷因与人性的弱点紧密相连。盲目决策的人什么事都干得出来，他们总在犯错误，这些错误积累到一定程度，终将引发下一次全球性的大萧条。

有的人并不同意这个危险的预测。他们觉得，最近20年来好像没有发生全球性的危机——像1929年那样足以为一场世界大战准备好弹药的萧条。从2008年以后，世界经济总体上是繁荣的，中美两大经济体齐头并进，除了日本和欧洲的问题稍微严重一点外，连非洲也开始过上好日子了。但是，与大众的观点相反，美国国家情报委员会认为欧盟将在2020年崩溃。一些最悲观的预测越来越成为现实，并且有人觉得情况只可能更糟，他们的依据如下：

生育率降低：欧洲的低生育率一直是个大问题；

潜在的“饥荒”：社会福利体系的崩溃已经开始了；

不见硝烟的战争：外来移民带来的欧洲内战制造了严重的内耗；

宗教的征服：伊斯兰文化的扩张及其与基督教文明的对峙。

这4种迷因会给欧洲带来死亡。美国国家情报委员会的卡维说：“欧洲人正从精神上开始死亡。”这是最可怕的迷因。虽然有优裕的社会福利和大把的空闲时间，但欧洲人过得并不快乐，弗里斯在希腊的生活就是明证。人们一边领着政府福利，一边对未来充满悲观。我看到的一份调查数据支持了他的这个观点，对未来保持乐观的英国人不到40%，法国人不到29%，德国人只有可怜的15%。

在物质的危机开始之前，精神上的萧条已经发生了。人们都在讨论经济纸币化和经济虚拟化的后果，也就是“**透支（寅吃卯粮）**”的迷因。但是，创造大萧条的只有上面这些因素吗？

“贪心”的迷因

写下《国富论》（The Wealth of Nations）的英国经济学家亚当·斯密说：“任何一个想同他人做交易的人，任何一个人，他们都是这样提议的——给我那个我想要的东西，你就能得到这个你想要的东西。这就是每一项交易的含义，正是用这种方式，我们彼此得到了自己所需要的绝大部分的东西。我们所期望的晚餐并非来自屠夫、酿酒师和面包师的恩惠，而是来自他们对自身利益的关切。我们不是向他们乞求仁慈，而是诉诸他们的自利之心；**我们从来不向他们谈论自己的需要，而只是谈论对他们的好处**。”

贪心是交易的动机，也是经济发展的动力。在天主教教义中，贪心是七宗罪之一，但正因如此，它无所不在且不能割舍，它是基因的一部分，是人性的内核。我们会为了战胜贪婪而让基因进行自杀式的进化吗？显然不会。**贪心用繁荣进化文明，再用萧条清理一切，没有人能阻止经济以这种螺旋式的轨迹曲折前进**。

在美国影片《华尔街》中有一句经典台词："贪婪是个好东西。"谁说不是呢，华尔街的商人太贪心了！不过，他们还没有能耐左右这个世界。在我看来，少数商人（哪怕他们坐拥世界90%的财富）无法制造萧条，是全人类因贪婪而积极向上的逐富动力共同导致了繁荣之后的危机。

政策的短视

卡维指责政府官员的决策失误为经济发展带来了消极后果，他认为失败的决策产生的问题往往更为严重和持久。一个典型的例子是日本，时间进入20世纪90年代，日本经济的泡沫破灭了，从此进入了“失去的20年”。直至今日，日本经济也没能从中苏醒，焕发生机。究竟是什么原因让一个曾经盛极一时、几欲买下美国的强大经济体在长达20余年的时间内停滞不前呢？仅仅是不走运吗？

答案是：政府的决策失当让日本失去了未来。

日本在战后50年代进入了经济的高速发展期，当它以一种狂奔的姿态来到80年代后，经济的过热问题逐渐显现，但政府对此认识不足，对前景的过度乐观使决策者采取了"紧缩行动"。结果不仅未能使日本的经济及时摆脱泡沫经济后遗症的严重影响，反而愈加恶化，开启了长期低迷、僵而不死的衰退期。

美国的情况如何呢？布鲁金斯学会的外交政策专家托马斯·赖特2016年说："美国的精英阶层最在乎的不是中国能否梦想成真（追赶美国），而是他们自身正享受的既得利益能不能长期地维持下去。"尤其是，当他听到前美联储主席本·伯南克的"大论"时，对美国的未来非常失望。

不久前，伯南克在谈及削减国防开支的动议时反驳说："这会影响美国的经济，因此需要谨慎决断。"人们这才恍然发现，美国的国防开支占到了将近一半的国家预算，这使得整个美国的经济形态在虚拟化和金融化以后，又呈现出了极为明显的"军事化"特点——金融业、跨国公司和军工复合体构成的强大影响力共同绑架了美国经济。如果说美国经济一定会出问题，那么这就是已经开始演化的迷因。

恐慌在扩散

有些衰败的征兆我们在新闻里面看不到，但在危机的前夜，我们总能从一些细节中看出端倪。文森曾在俄罗斯的喀山留学，现在回到洛杉矶找了一份计算机程序员工的工作。他告诉我他再也不想回到那个地方了："我在那里看到了恐慌，如果有一天美国也变成那样，我真不知道自己能去哪儿。”

这十几年来，俄罗斯正大踏步地向“二流国家”迈进——当然是从一流向下坠落，除了军事力量依然强大外，我们再也看不到经济上的任何亮点。文森痛苦地说：“我去超市买东西，不止一次地遇到一位衣着整洁干净的老奶奶，她总是一脸歉意地对我说：‘小伙子，你能不能买个‘大列巴’给我，我很饿。’一个大列巴20卢布，算下来不到1美元。我也遇到过脸色惨白的中年人，在公交车站向人们索求车费，攒够了就去超市。还有老人推着小车当街叫卖腌菜，又好吃又便宜，你买上2美元，他们会说一大堆好话感谢你。”从日常生活的拮据中，我们能看到民众的恐慌心理。当人们都在担心未来时，说明危机发生有一段时间了。

当股市即将崩盘时，你也能体会到隐隐的不安：“价格是否虚高了？这么涨下去既令人兴奋又让人惴惴不安。”大萧条的前夜，所有人都怀着恐惧的心态，每个人都知道将要发生不好的事情，可没有人愿意说出来。

下一次萧条

过去几年来，全球经济举步维艰，你会看到所有的金融机构步伐一致地下调了2016年的经济增长预期。各个经济体的增长率都在下跌，没有哪项指标的增长曲线是向上的。中国、美国两大经济引擎都在下降，日本、俄罗斯和巴西更不用说了。世界经济已经进入了一种“亚萧条”时期，具体的表现就是低增长、缺乏活力和失业率增加。

有识之士看到了下一次危机的苗头，但引爆的原因会是什么？弗里斯说：“当经济结构需要调整时，任何一个国家的利益集团都不愿意割肉来喂养弱势群体，反映在宏观层次就是福利社会的崩溃，其中以希腊最为突出。富人阶层希望政府增加补贴而不是努力创造就业机会，穷人则浑浑噩噩、得过且过。”

1. 技术的停滞。

除了互联网仍在高速发展，人类在其他领域可能已经进入了一个尴尬的时代：**真正有利于生产的技术（不是科学）的大停滞时期**。类似于工业革命和科技革命的技术突破始终没有出现，这种技术上的停滞所带来的消极影响是全局性和长期性的，在人口急剧暴涨时，技术无法通过革命性的进步来提供更多的资源。这种停滞在缓慢孕育着危机。

2. 破坏性创新。

美国经济学家约瑟夫·熊彼特说：“经济危机是破坏性的创新，就像草原上每次发生大饥荒，活下来的都是身体健壮和更能适应大自然的生物。”难道基因正是通过这种残酷的方式在对文明进行重组？下一次萧条也遵循这样的原理吗？为了彻底地淘汰那些落后的行业（产能和企业），大萧条接手政府做不到的工作，给予我们的经济致命一击。问题是，我们如何才能不付出类似的代价？

3. 产业转移的迷因。

每隔一段时期，全球就发生一次跨区域性的产业转移。上一次转移始于20世纪60年代，以美国为首的西方国家把低端产业向其他地区转移，它们自己主抓高端产业，把中低端产业外包给了其他国家，这一举措直接促使了“亚洲四小龙”的崛起，也催生了富士康这样的企业。在产业调整的过程中，既有机遇，也有无法预测的危险。最近几年，当新一轮的产业转移来临时，我们已经看到了曾经辉煌过的“亚洲四小龙”

的衰落。在这种大的趋势面前，每一个小型经济体都身不由己，难以决定自己的命运。

4. 房地产泡沫。

在2001年的互联网泡沫破灭后，西方国家突然惊喜地发现，下一个产业的突破点近在眼前。当时，美联储为什么大幅下调了联邦利率？因为美国政府决定依靠房地产来推动经济的发展，克林顿政府定下了这个基调，布什政府则大力推行。结果我们看到了，2008年的次贷危机以“金融大萧条”的形式打破了泡沫，坑害了一代美国人。当房地产泡沫破灭以后，我们又惊奇地看到，面对居高不下的失业人群，拥有充裕现金的投资机构不愿意投资任何行业。这是在为下一次危机做准备吗？

5. 热钱的欢呼。

热钱又可以称为游资，或者叫作“**投机性的短期资金**”，它是危险的杀手。这个词儿我们已经听了无数遍，它似乎在全世界无处不在，利用各种投资工具不停复制和渗透，掠夺一切有机可乘的财富。这就是热钱的目的，它用尽量少的时间以钱生钱，它在市场上迅速地流动，只为追求高回报，它不分国界，也没有道德感。热钱既是迷因，又因市场的迷因而四处投机，它绝不为创造就业服务，只是投资于黄金、股票、货币、房地产或大宗商品，获利即走。一旦我们忽视了对热钱的管束，它就会在投机得手后从经济体中抽离，使这一地区的经济失去流动性。热钱的危害难以估量。

告别免费经济

你以为是免费的？其实你已经埋单了。

克里斯·安德森在他的《免费——商业的未来》（Free: the future of business）一书中，阐述了“免费”是怎样在今天成为一种主流商业形态的：新一代的“免费”并不是一种左口袋出、右口袋进的营销策略，而是属于一种将商业成本压缩到零的经济模式。他说：“在20世纪，人们把免费当成一种强有力的推销手段，但在21世纪，它已经成为一种全新的经济模式。”

如果只把它视为营销策略，你会觉得并不新鲜，你一定听过鲜花店门口的促销员“买一送二”或“携女友一起购买免费赠送鲜花一枝”的大声叫卖。但“免费经济”不是这样，当它作为一种经济模式时，有时甚至会让人感到困惑，因为它有与众不同的类似于公共性质的盈利逻辑。

政府为什么会努力提供公共产品，让民众享受免费服务？比如在十字路口，每年花在红绿灯设施上的钱不计其数，但民众没有为此额外支付金钱，从不交税的人也能得到红绿灯指挥交通的好处。因为没有红绿灯，街口每天都会发生车祸。按一天至少10次计算，一年下来，可能至少就有3600多次车祸发生。这还仅是一个路口，那么，一座城市，一个国家呢？因此，与损失掉的车辆和生命财产相比，投资和维护红绿灯的钱就不算什么了。

也就是说，这项免费服务的主要目标并不是增加收益，而是减少损失，从而使既有的收益获得安全保障。这就是为什么大公司愿意提供公共产品的原因，比如360公司为电脑和手机用户提供免费杀毒服务，没有好处的事情，这些公司是不会做的。

简而言之，“免费经济”就是透过各种方式来向用户提供免费的服务和产品，再从别的方面来达到获利的目的。免费是吸引力，是信息传播的源头，它能帮助企业顺利地建立渠道，完成商业模型的建设。比如一些公益电影中的广告植入，就是非常普遍的一种免费模式。

人人都爱占便宜

1901年，金·吉列创建吉列安全刀片公司时，年龄已近50岁。曾经当过软木瓶塞推销员的他有着乌托邦式的梦想，他渴望成为一个发明家。为此，他花费了4年的时间发明了可更换刀片式的剃须刀，他满怀憧憬地将其推上市场，却在第一年只卖出了可怜的51副刀架和168枚刀片。

面对此等难题，常人可能沮丧至极，或者解散公司，或者另寻赚钱的项目。但随后，吉列所做的事情却开创了一种全新的营销理念，他不但没有停掉这些产品的生产，反而不惜血本地加大产量，并将数百万剃须刀用极低的价格卖给军队。虽然亏钱出售，但他的目标是希望士兵们在战时养成的剃须习惯能够延续到战后，形成未来的市场。并且，他将刀架卖给银行，让后者将其作为礼物派送给新的储户。在这一理念的营销下，吉列的剃须刀顿时变得无所不在，几乎和市面上所有商品捆绑在了一起，且价格低到了几近免费。一年后，吉列就售出了9万副刀架和1240万枚刀片。到今天，吉列仍然是世界上最好的剃须刀制造商之一。

为什么金·吉列的这一做法能大获成功呢？因为他抓住了人性——人人都想占便宜，并且都想尽一切办法占一切便宜。这种占便宜的想法被我们贯彻到了生活和工作的方方面面：去超市买打折处理的商品，总会询问商家是否有赠品、小样等。既然用户都喜欢占便宜，那么，为何不提供免费（或接近免费）的平台产品来培养用户的习惯呢？吉列的营销模式盈利的环节在于后期的耗材和补给服务，那里隐藏着真正的利润。“定价”不是迷因，“消费习惯”才是。

现在，很多电信公司或移动运营商都会免费赠送你一部手机。你会看到这部手机价格不菲，是近一年最新款的4G手机，他们大方地说：“拿去用吧，免费的，你不用为这部手机支付一分钱。”条件是什么？你可以拿了手机转身就走吗？当然不是，重要的是你要在这里办一张电话卡，然后预存一年或两年的话费。在合约期内，你要每个月用掉一部分钱打电话或者上网。实际情况是，不管你打多少电话，这些钱都已经不属于你了，它是你在合约期内的最低消费。

有一次，我的公司要更换一台新的咖啡机，行政主管马上就接到了咖啡供应商的电话——他们每月要为我们供应500到800美元的咖啡。“为什么要花钱买（咖啡机）呢？”供应商气愤地说，“别花这个冤枉钱了，我们免费送你们一台！”傍晚下班时，一台最高端的咖啡机就送到了公司。但是不用说，我们需要继续购买他的咖啡。

你也应该知道，为何惠普公司的打印机的售价那么便宜，最低的才60美元，在国内售价可能在300到400元人民币。这个价格勉强够支付打印机的设计、生产和物流成本，几乎没有盈利空间，和免费送给你差不多。不过，当你想起购买墨盒时，你会发现墨盒的价格可以再买一台打印机，而这正是惠普在打印机产品上最重要的利润来源。

新的免费时代

克里斯·安德森在自己的另一部作品《长尾理论》（The Long Tail）中，向我们介绍了“免费经济”的三种模式。

1. 较为传统的免费产品。

例如，115年前诞生的“吉列剃须刀”模式就是一种“交叉补贴”，它是通过延伸产品来获得利润的。这种传统的免费产品今天仍然到处都是——广告商补贴了新闻媒体（电视、报社和杂志）的发行成本，消费者用非常低的价格收看数字电视节目（每年只有几百块钱）或购买杂志（通常低于10块钱），几乎是免费得到这些知识产品，而广告商是发行者利润的来源。

2. 从收费向免费过渡的免费产品。

这是指以前收费，但随着成本的降低逐渐减少费用，直至成本消失而出现的零价格服务。例如，电子邮件提供商hotmail最开始尝试了一小部分的免费服务，进入21世纪后，它进一步扩大免费规模，直至基本实现免费，促使电邮市场发生了革命性的变化。当收费模式消失，免费模式成为这一业务的主要架构时，企业怎么盈利呢？雅虎公司的一名副总裁诚实地说：“我们通过免费加强和用户的联系，然后用别的方式赚钱，像新闻频道的横幅广告，或者用大数据掌握用户的行为习惯和浏览信息，来吸引广告的精准投放。”

3. 以礼品经济模式存在的免费产品。

没有哪个时代的礼品经济拥有今天这么大的规模，基于互联网产生的各项服务简直就像上帝送给人们的礼品，而且都是免费的。比如维基百科、博客、推特、微信以及其他的社交工具，你大可放心地使用它们，没有人向你收钱。这些服务提供商都是傻瓜吗？当然不是，他们并没有打算收取服务费，只是想获得超大规模的影响力——免费服务为企业集聚了海量用户，用户数量最终会转化为商业影响力。

这是新的免费时代，商业行为在不知不觉中发生。当企业拥有数以亿计的用户时，它培育的就不再是摇钱树，而是能够种出摇钱树的土壤。通俗地说，免费用户恰恰是他们的印钞机。免费的服务既引发讨论，形成产品文化，又为企业推出附加服务和吸引投资打下了基础。只不过，这是一种“牛消费，猪买单”的模式。

货币的价值与人心

货币的真正价值是人心，人心正是货币价格变动的迷因。

为什么说人心才是货币的价格与价值变动的迷因？这要从货币的本质说起。假如只看一件事物的用途，你就会堕入“唯工具论”的陷阱，迷因学中有很多这样的陷阱，会让你深受迷惑，看不到事情的本质，就像许多人无法理解为何蒸蒸日上的股票市场一天之内就会崩盘一样。**凡是迷因在掌控的事物，其本质推动力都是人心，是人性的本能披上了文化的外衣**。

那么货币的本质是什么呢？是契约——这是物品的所有者和市场关于交换权的契约，是所有者相互之间的约定，而市场是作为中介而存在。用更简洁和更容易理解的表述，货币其实是一份合同，是物品交换过程的约定。尤其对现代货币（纸币）来说，真正决定它价值的是国家信用和使用者的信心。物品的丰裕或匮乏都不能影响货币，国家信用和信心的波动，才可以决定一种货币的生死。此时，对经济的生死存亡而言，货币的价值变化和背后的人心就成为了迷因。

定价权：财富转移的迷因

我们有了货币，不管是现金还是存款，就有消费、投资和置业的需求。每个人都有这种需求，然后钱就派上了用场，在人与人、企业与企业之间流动和进出。货币的流动，本质上是财富的流动。你用钱换来了你需要的物品，你的钱去到了别人的手中，对方也会支出货币向第三方购买自己需要的物品。就这样，财富如同流水，它不是静态的，而是保持动态平衡。

使用货币购物，就涉及了一个特别关键的词：定价权。不管你买卖的是实物，还是虚拟商品，是钢铁、煤炭，还是白菜、西红柿，都离不开价格。价格的高低和变化，影响了财富的流动和转移方向。

为什么说定价权是财富转移的迷因呢？举一个很简单的例子：我的仓库里有10亿吨白菜，我想知道这些白菜价值多少钱，就去市场查看相关信息，发现白菜的单价是1元/千克。那么我这些白菜的价值便是1万亿元。过了半年，全世界的白菜产地都遭到了病虫害，几乎绝收，白菜的市场价格疯涨至1000元/千克，那么我手中的白菜仍然是10亿吨，可价值就变成1000万亿元了。又过了半年，人们忍受不了买不起白菜的生活，于是科学家经过苦心钻研，发明了用某种常见植物做白菜的方法。技术的进步让白菜的价格跌到5元/千克，我的白菜跌回了5万亿。这个过程，可以说是“我的白菜的市值在一夜之间蒸发掉了995万亿”，但白菜的总量没有发生变化。

从白菜价格的变动中可以看到，产量和生产成本的综合因素始终在决定着最终的价格。一个现实的例子是钻石，它非常昂贵，是让女人兴奋而让男人头痛的物品。假如有一天我们一觉醒来，发现全世界所有的煤矿变成了钻石矿，钻石这种装饰品变得像煤炭一样到处可见，而原有的煤炭资源却消失了，接下来会发生什么事情呢？

价格的变动影响着经济体的兴衰，在这背后，影响价格的迷因则是定价权——它是由多种因素决定的。事实上，无论世界经济如何发达，人类的繁荣都无比脆弱，任何的风吹草动都可能让现有的经济秩序失去平衡，引发无法估量的连锁反应。

财富都去哪儿了

在白菜的市值上下波动的过程中，我们可以发现，这里面不涉及具体的交易，没有买卖的发生，也不涉及信用，只是定价在变。价格的变化反映出来的就是人心，而市场上的人心则是由需求决定的。人们对白菜的需要决定了它的价格走势，假如没人愿意吃白菜，那么不管白菜的产量如何，它都一文不值。

货币的流动代表着财富的转移。

由多数人向少数人转移——少数精英永远占有最多的财富。

由穷人向富人转移——财富分配的大趋势是穷人愈穷，富人愈富。

由乡村向城市转移——乡村位于城市产业链的最末端，人力和财富都倾向于流向城市。

由无权者向有权者转移——权力是财富流动的迷因之一，它永远向有权者转移。

由体力劳动者向脑力劳动者转移——“劳心者治人，劳力者治于人”，体力对工作的贡献越大，收入就越低；脑力在工作中的占比越大，收入就越高。人类整体的进化趋势是“身体越来越懒”，这是由基因的自私性决定的，它优先把财富分配给智力更高的人。

由弱国向强国转移——弱国在国际分工中处于劣势地位，科技越进步，财富就越向强国集中。今天，中小国家与世界五大国之间的差距已经越来越大。

财富的转移工具：

1. 商品的不对称流动。

就拿美国来说——美国的成功是一个经典案例。第二次世界大战结束以后，美国开始了从英国手中争夺世界霸主的“战争”。布雷顿森林体系建立后，美元获得霸主地位，这意味着美国拥有了为自己谋取巨额利益的最好工具：货币政策工具。比如，美国可以通过宽松的货币政策，以美元贬值的方式在短期内制造商品的不对称流动，使国际财富在这种不对称的流动中进入美国，然后再通过“不等价交换”来换取世界各国的商品和服务，以较小的投入获得最大的回报。

2. 本质：不等价交换。

不等价交换是指什么呢？美元是国际通用的主要结算货币——只要美国愿意，它还可以是唯一的。这意味着从某种程度上来说，美国可以用自己的货币直接购买其他国家的商品和服务，但购买的行为并没有建立在商品交换的基础上，也不以“出让价值”为前提，而是用过量发行的美元（货币的价值下降了）来换取国外的商品和服务。这些美元进入别的国家后，以外汇储备的形式留在了当地，却没有等价地从美国获取相应的物品或服务，这样美国就保持了巨大的贸易逆差。例如从2002年到2014年，这一逆差的数额从4216亿美元增长到了7217亿美元的规模，增幅高达71%。这说明，全世界的财富正以这种形式大规模地向美国转移。从中你可以看到，财富和信息一样，始终遵循着守恒定律，它不会蒸发和消失，只会流动和转移。在这个过程中，受益者永远都是掌握定价权的强者。

谁在决定合理的价格

回到白菜的故事。从相反的角度看，当白菜涨到1000元/千克的时候，我卖掉手中所有的白菜，真的会获得与这个价格相匹配的财富吗？如果我全部抛售出去，结果会怎样呢？这个假设也可以放到股市中，如果你手握1千万股某公司的股票，而股票价格从10元每股暴涨到了100元每股，那么，你全部出售这些股票，最终的成交价会是100元每股吗？

当我开始叫卖这些白菜时，会有一个现实问题摆在面前：10亿吨白菜当然不是个小数目，如果我把它平均分给地球上的所有人，则每个人能分到150千克左右，即便他们顿顿吃白菜，恐怕也要吃半年。于是，当10亿吨白菜突然出现在市场上时，供需平衡被打破了——人们短时间内吃不了这么多白菜，如此庞大的供应是严重过剩的，这将毫无疑问地影响白菜的价格，使其在短时间跌至一个“合理”的水平——可能用不了24小时，白菜的价格将降到2元/千克，我的这些白菜也就不值钱了。

就是说，决定“合理价格”的迷因是供需的动态变化，而掌握定价权的奥妙就在于控制供需。可以肯定的是，在经济和金融的世界里，需求和供给时刻在交换角色，人心决定需求，需求又反过来影响人心。此时，谁控制了供给，谁就能成为赢家。

60亿人和100人俱乐部

世界永远由精英统治，掌握最多财富的100人统治着其余60亿人，这很不公平，但很合理。

2015年春天，林迪带领《华盛顿邮报》的采访团队进驻华尔街，在高盛公司的北美事务部做了长达32天的纪实调查。这一行动源于高盛和邮报董事会共同展开的名为“金融帝国”的合作计划，林迪希望能采访到有足够影响力的世界级金融公司的高管，撰写一系列的长篇报道。

林迪说：“这个世界永远在少数精英的引导下前进，比如政权更替，是精英阶层的变化和更替，财富转移，是所有权人换了一个名字。不管经济如何变化，财富差距的不断扩大都是必然的，人有三六九等也是必然的。这是残酷的事实，但很遗憾，我们根本无法改变它。”

除了历史，它也是自然法则，是人性逐利的本能，它本质上是由经济发展与财富扩张的迷因决定的。任何“逆此势者”都难以取得成功——至少从目前来看，我们在人类历史上还找不到一个反例。

并不新鲜的把戏

在《强盗银行家：能源、金融与精英统治的世界》（Babylon's Banksters）一书中，约瑟夫·P.法雷尔向人们分享了他颇为独到的见解（此书曾遭到不少金融家的诟病，这恰恰说明他的观点是对的）："凭什么说金融欺诈在今天才变得如此流行呢？事实上这在人类几千年的历史上并不新鲜，银行家一直是以同样的方式操控着金融业，并且他们精于粉饰。"

法雷尔精确地描绘出了银行家的行为模式和投机策略，以及他们从未改变的欲望和野心。比如，争夺发行货币的权力（国际权力）；替换债务货币；压制替代产品和替代能源的技术发展；不受限制地推出各种花样的衍生杠杆和借贷产品，掠夺公众的财富。

高盛公司的一位财务经理说："欺骗与谎言是金融业快速发展的推动力，人们永远都是追逐利益的，人们都想赚钱，人们都不想赔钱，人们都不舍得扔掉一个铜板，只要它能产生哪怕一美分的额外价值。这是原理，也是财富流动的本质。"

假设富人全部消失

富人想的问题很简单，虽然他们已经有很多钱了，像罗杰斯、索罗斯还有比尔·盖茨，他们是这个世界最有钱的100个人之一，而且排名很靠前，但他们仍然希望拥有更多的权势与财富，获得主宰一切的能力。"100人俱乐部"的梦想就是占有全世界100%的财富，如果有一天梦想成真了，他们的目标会自动更新，他们的欲望会继续扩张，比如开发月球或火星。

吉尔住在美国东南部的纽因顿，他在当地开了一家教授儿童学习钢琴的教育机构。他数年前曾在伯克利音乐学院深造，那时他年轻有为，一腔热血，对华尔街的金融大鳄恨之入骨。他是一个特别喜欢读书的人，经常给我发邮件请教一些问题。当在书店看到巴菲特的传记时，他说："如果这些资本家全都消失就好了，财富分配会变得很公平，每个人都能过上好日子。"随后，他将这个想法用手机短信发给了我。

这是一个"好想法"，穷人都是这么想的，但它真的能够实现吗？我们可以假设全世界的富人（人均资产1亿美元以上的人）忽然都消失了，他们名下的财产被平均分给了所有人。很显然，财富的转移规律被强行打破了，人人都成了有产者，然后呢？好日子真的会来临吗？

我回复说："人人都有钱了，还要不要开设工厂，要不要投资公共事业，要不要管理企业，要不要继续赚钱呢？"

如果回答是"不要"，那么这种"不要"可能持续不了10秒钟，随之而来的就是"彼可取而代之"的野心。市场不会因为财富的平均分配而消失。简言之，市场仍然存在，生意还要照做，人们依然有这样和那样的需求。有需求有市场，就有巨大的利益。面对巨大的利益，没有人能够不动心。**人们对于金钱的追求永无止境，这正是经济得以发展的最大迷因**。有发展就会有竞争，我们要做的是参与竞争，并且取胜。

第六章

迷因与商业：消费主义在欢唱

消费主义带我们进入了非理性时代，它可能是不可逆的；迷因激活了人们的消费基因，上帝也在购物；在全民狂欢的背后，信息好像又赢了。

“双11”：全民疯狂的秘密

有什么是商家想到而你忽略了的？冲动消费的迷因怎样左右了人们的购物冲动？

我们无法考证“光棍节”是何时变成一个购物迷因的，11月11日本来是一个普通的日子，这一天历史上没有发生什么重大事件——耶稣不是在这一天天出生的，牛顿也没有在这一天发现万有引力，孔子诞辰离这一天也还很远。只因为有人从4个1联想到了“光棍”（单身汉），并把它与逛街购物联系起来，“双11”的商业意义便迅速传播，成为中国社会的消费狂欢节。

这个本来是由孤独苦闷的“剩男剩女”引出的社会问题，经过巧妙的包装和炒作，竟然摇身一变成了全民网购的代名词。迷因真是不可思议，一个精心的构思、精准的选择，毫无悬念地制造了一场全民狂欢。

这一天，上帝也在购物

消费文化一旦扎根，就会疯狂生长。人人都在讨论今天该买些什么，怎样才能抢先于别人拿下打折商品，尽管只比平日便宜了2元钱。

重要的不是有多便宜，而是“在这个特殊的日子买东西”，这是一种仪式。一个人只要认同“双11”的理念，就希望自己去实践它。

在上海读大学的女孩梦梦一年前还是节衣缩食的购物理性派，一年后就突然成了“双11”的忠实粉丝。她喜欢这个节日，通过疯狂购物，就能释放所有的坏心情，如同压抑很久的弹簧突然伸展开一样。梦梦说：“我的购物车已经满了，心情也很快乐。”她的消费金额并不高，只有2000元不到，但这是她两个月的生活费，卡上的积蓄也花光了。但她宁可不吃饭，也要当一回“剁手党”，因为在宿舍坐等包裹的心情简直美妙无比。

梦梦激动地说：“相信我，今天上帝也在购物！”

40岁的刘女士今年刚学会网购，她从邻居那里“复制”了这个新的爱好。她在“双11”这天大打出手，从早晨到晚上，共计花掉3万元。“看见喜欢的就往购物车里放，当然都是打折的。”她说，“就算家里有的，也要图个新鲜，买回来再说。”电饭煲、吹风机、羽绒服、卫生纸……刘女士算了一下，她买的东西不下60件，消费力度顶得上过两个春节。

上帝也在购物吗？商家会告诉你，是的，请告诉更多的人。

仅仅是折扣的诱惑吗

与梦梦和刘女士的狂热不同，男性群体则表现得比较犹豫，他们当中，不屑一顾者有之，半信半疑者有之。他们思维比较理性，更多的是质疑折扣的真实性。北京一位刚参加工作不久的吴先生对电商平台的

“双11”折扣洞若观火：“降价幅度这么大，说明有猫腻，真正的好东西是不会打折的，今天上架的估计都是旧货。”虽然口头上这么说，吴先生仍然在几个不同的电商平台买了些东西。他属于较为冷静的群体，也未能抵挡这股消费大潮，尽管只是“适度”参与。

有相当一部分消费者表现得很理性，但他们却对固定的产品和平台产生了一定的信赖，就是我们常说的“**用户黏度**”。为什么一个理性消费者的用户黏度反而更强呢？你想过其中的原因吗？实际上，“双11”购物的迷因每年都会制造一次大事件，商家最重要的目的不是卖出多少东西，而是用这样的宣传力度，继续增强用户黏度，帮助人们养成在自家平台购物的习惯。

冲动消费的迷因

现在，“冲动消费”是一个时髦的词汇。在传统的销售模式下你无法想象，在这样一个“互联网购物节”，一个电商平台24小时的销售额就能突破千亿元。

外联部经理迈克郁闷地说：“我每次和妻子吵架后，她都会消失，有时好几天不回来。然后我的手机就不断收到短信，提醒我信用卡有支出，一会儿是400元，一会儿是1000元。她拿着我的信用卡去买东西报复我，看来女人有冲动消费的基因。”

当你开心时，想购物奖励一下自己；当你焦虑时，想购物安慰一下自己；当你无聊时，也想购物打发时光！

“我们一起购物吧！”这是一条激励你采取行动的信息，它像病毒一样在人和人之间传播，不管你的口袋里有没有钱，内心都会泛起一股冲动。对此，霍利尔总结说："人都有非理性的一面，当它大面积被激发的时候，商家就笑了！"

我需要释放压力

面对繁忙的工作和日益加快的生活节奏，人们如何释放压力？购物似乎成为了一种必然的选择。因此，解压需要和消费冲动完美结合起来，使很多男性都沉迷其中。有一项调查显示，80%的英国男性平均每个月都会去商场购物4次来为自己减压。

霍利尔说："伦敦的每位男性在服装和电影等娱乐方面的消费，每年高达900多英镑。"前不久，他和一家曼彻斯特地区的在线商城联合进行了一次信息收集，结果显示，有70%的男性会通过购物来缓解压力，而购买的物品包括数码配件、电影票和运动器具等。心情低落是促使人们购物的直接原因，购物能让他们重新找到快乐。

由此可见，消费的迷因经常和我们内心的情绪紧密相连。比如"双11"购物节时的冲动消费，人们不仅仅是想比平时节省一些费用，还把它当成了一种谈资和巨大工作压力下的解压手段——这与我们长期的研究结果是契合的：心理上的愉悦和满足，让冲动战胜了理性。

不过，虽然购物可以带来快乐，释放压力，但我们还是需要重建理性。当你彻底失去理性时，你就被消费主义完全控制了。

非理性时代

我们被一个无聊、无趣和无节操的时代消费了，并且我们乐在其中。

霍利尔用他的研究告诉我们，在互联网时代，每个人都避免不了这样的结局：成为消费品的命运。我们创造了商业，却又被商业绑架，成为商业文化的传播因子。在失去理性的商业时代，一切和人有关的事情都被商业化了。当然，区别在于，少数人可以意识到自己正在被消费，多数人则乐在其中。

被消费的人

在著名的《非理性时代》（The age of Unreason）一书中，欧洲管理学大师查尔斯·汉迪对于未来的组织形态做出了自己的判断。他重点针对人的要素进行了分析——**人的行为是无法精准预测的，也很难实现真正的理性**。正因如此，现代组织趋向于“三叶草”或“联邦制”的形态。社会越发展，人们用于工作的时间就越少，精力就越分散。人们用较少的时间和精力投入工作，剩下的大部分的时间都在做别的事情，正是后者使人处于一种被消费的状态。

汉迪把所有的工作分成了五类：

领固定薪水的工作——企业员工和政府雇员；

计时和计件收费的工作——企业主和自由职业者；

家政服务的工作——第三产业劳动者；

免费的工作——自愿者和义务劳动者；

研究和学习的工作——学生和科学家。

在这五类工作的基础上，人类社会出现了“三叶草”组织。那么什么是“三叶草”组织呢？通常来说，在一家企业（组织）中会出现下面三种人：

第一种，承担全职工作的核心人员；

第二种，负责部分工作的员工或分支机构；

第三种，具有一定弹性的工作，例如承担外包工作的人员和机构。

在新的组织形态中，我们的角色有没有变化呢？就像写过《怪诞行为学》（Predictably Irrational）一书的美国杜克大学教授丹·艾瑞里提出的疑问：“**我们是否能主宰自己的决定？**”答案是“不能”。在人人都在消费、人人又在被消费的商业时代，每个人的行为都有它既定的迷因，你能做的就是尽量保持理性，找到并确立自己的方向。站在组织和个人相结合的角度，这是一种行为经济学。

1979年，同为斯坦福大学的心理学教授的卡勒曼和阿莫斯提出了关于行为经济学的前景理论（Prospect Theory）。此后所有的相关著作都绕不开这个理论。即在不同的风险预期条件下，人的行为倾向是可以预测的。在我看来，这也正是我们从经济和消费领域研究迷因学的理论依据。怎样分析消费群体的行为趋向，如何帮助人们找回理性，这是一个世界级的难题，站在不同的立场，你可能会得出完全相反的结论。

1. 人是非理性的。

既然人是非理性的，那么人做出的决定就不能用常识来评判，所以索罗斯才写了一本名为《金融炼金术》（The Alchemy of Finance）的书。他告诉我们，金融学和科学毫无关系，而是与炼金术差不多性质的东西。股市在本质上并不是平衡的，人们的炒股行为尽管可以预测，但却遵循非理性的机制。他说："股民不是在忽悠人，就是在被人忽悠。"

我赞同他的观点。人们喜欢听故事，一个关于品牌的好故事可以引诱他们买上一大堆派不上用场的东西；人们冲动而多情，特定的诱导和煽情的迷因便足以利用大众情绪，制造群体事件，或创造商业奇迹。就像我们现在经常看到的，大范围和轰动性的事件都是人们非理性与无意识的表现。

2. 强大的自制力。

本章的侧重点是在讲，人们在经济生活中存在非理性行为，因此迷因主导了他们的决策。但这并不意味着我们应该反对经济学。我们无法改变大脑的硬件，也注定只能对思维逻辑进行小修小补。重要的其实是，在类似"双11"这样的消费狂潮骤起时，你能否理性地做出决定。霍利尔在发给我的邮件中写道："我们在多数情况下总能精确地进行利益计算，但仍然不能完全理性地进行决策；我们无法分辨所有的信息；我们的大脑容易受骗。这是消费主义时代每个人都抹不去的特征。"

要想建立强大的自制力，就必须对自己进行严格训练，但这不是一般人或者所有人愿意和可以做到的。大部分情况下，人们只能在两者之间不停摇摆：**总在诱惑面前冲动，然后在事后找回理性**。

除了依赖，你没有其他选择

依赖，这是汉迪对人和组织的关系进行研究时观察到的第一个现象。依赖存在于每一个角落，不仅在组织中，更在消费时代的方方面面。亲爱的读者，你应该意识到这种情况正在悄无声息地发生。依赖成了我们在商业时代快速堕落的最大的迷因：没有哪一种生物比人类更自立同时又更容易产生依赖的了——我们是连自己都不了解的矛盾体。

有些年轻人在离开学校进入社会之后，一方面拼命地工作，努力追求自己的理想，一方面又要应付这个物质至上的商品社会。很多陷入迷茫的年轻人跑来问我："成功究竟代表着什么？是有了钱娶了漂亮老婆，什么都能买得起？还是功成名就、声闻天下？"这个问题象征性地代表了消费主义对人性的改造，商品和消费开始决定人的价值，这一标准（作为一种迷因）经由讨论进一步影响了更多的人。

第一，在消费主义弥漫的时代，你要学到的第一堂课就是，再也没有什么人和事值得你去依赖了。你要警惕地对待所有的信息，不要匆忙地做出决策。

第二，任何事情都需要你自己去了解和分析，搜集和筛选信息的能力将成为评判一个人是否理性的重要标准。你要有足够强大的自制力，不管是面对一件商品还是你的生活。

第三，**要知道什么时候应该做出与众人相反的选择，并且要更加有效率；不要完全依赖组织和团队，这和独立于大众之外的思维同等重要**。

第四，**你必须找到可以与自己的工作相结合的兴趣点，必须防止感性的认知盲从于众人的决断**。不是所有懂得上网的人都可以自称洞察世界，也不是买了奢侈品和擅长购物的人才真正了解了这个时代。消费主义已经洗脑了许多人，你要争取成为坚持到最后的那个人。

重新成为价值主义者

· 你对自己的定位是什么？

· 你如何看待商业的未来？

· 你认为价值是迷因还是结果？

在看重结果的今天，价值似乎已经被功利主义的氛围边缘化了。一个只看数字和价格的商品社会，人人都是消费品，并且时刻在消费着别人。消费主义的盛行预示着整个社会都开始了市场化，传统社会逐渐走向灭亡，这个过程好像不可逆转。不过，萧伯纳说："我们所有的进步都来自于非理性的人。"基因优胜劣汰的机制始终在默默地起作用，理性的人愿意改变自己以适应世界，但非理性的人或许才能推动世界的改变。

这是否说明，"非理性"的迷因本身也孕育了坚定的价值主义者？如果我们想要在消费主义的狂潮中为自己创造更多的选择，站胜盲从和无知，就必须重新审视生活的价值。比如，学会时间管理和独立思考。我们当然应该更理性，但不是在工具理性上，而是在价值理性上。

信息过量，为什么人仍然无知

我们每天阅读大量信息，却没有从中获益，我们还像以前那样无知。

人们在信息的海洋中逐渐迷失了自己，并且养成了“信息强迫症”。卡莱茨曾经给我列举了一份数据，和20年前相比，人们现在每天可阅读到的信息量增加了约70倍。这是一个恐怖的数字，要知道，即使在20世纪50年代（距今已有60多年），人们每天也能通过报纸、电报和电话获知全世界各个角落的最新信息，更不用说20世纪90年代了。今天的我们可以随意、即时地搜集到任何信息，中间不会有延迟，也没什么阻碍，互联网让人类第一次做到了“无所不知”。

“但是，人类变得更愚蠢了。”卡莱茨说，“商业越是发展，信息网络越是发达，我们就越陷于无知的泥沼。这个情况愈加严重。”

无知是迷因的安排

一个很简单的例子是，劣质商品的促销活动轻易就能让成千上万的人上当，他们轻点鼠标就完成了支付，却没有拿出哪怕一分钟的时间搜集旁类信息进行对比查证。信息太多了？这可能是个理由，但根源是我们的大脑有偷懒的倾向。这是基因的安排吗？道金斯认为是的。正是懒惰的基因制造了无知的迷因。

人类曾经因无知而蒙昧。比如在原始社会，人们不知道火是什么东西，也会恐惧于流星坠落和洪水泛滥，但在信息技术高度发达的今天，人类仍然有走向蒙昧的可能。海量的信息像潮水一样冲击着我们的大脑，无穷无尽的资讯在为生活带来方便的同时，也容易混淆视听。信息真假难辨，它既传授知识，也生产谣言，而且，越是虚假信息就传播得越快。

信息选择障碍

为了测试自己的信息分辨能力，你可以先尝试回答下面这三个问题。

问题一：在接受和搜集信息时，你是否考虑过这些来自不同渠道的信息到底有多大的价值？

为了解决某一个问题，我们通常会从不同的渠道、用不同的方式搜集信息：手机上的，电脑上的，其他媒体上的，来自朋友的，来自同事的，来自客户的，等等。信息来源五花八门，但它们能为你带来多少收益呢？你需要评估这些信息的价值。但在做评估时，请不要把金钱收益放在第一位，而要重点看它们能否提升你的能力或为你带来更多的选择。

问题二：你统计过自己在这些信息渠道上花费了多少时间吗？

是一周还是一个月呢？或者仅仅用了一个小时？相对你要解决的问题来说，这个时间是多了还是少了？从最终的收益来看，这种时间投入是否值得？如果我们在信息海洋中遨游了5个小时，只是为了解决一个用5分钟就能解决的问题，那么这个代价就太大了。

问题三：你是否每隔一段时间，就会回头总结一下这些信息带给你的影响，不管是正面的还是负面的？

由于生活和工作节奏的加快，现代人每天忙于思考和处理各种事情，于是很少对过去一段时期的效能进行总结和反思。人们很少去想自己在刚过去的一年中所接触到的信息，到底对自己构成了哪些影响，也很少考虑为自己建立一个信息分类系统。

现在，你需要认真思考这些问题了：根据你的需求，哪一类信息是值得你花费时间和精力去阅读的？检测信息的实用价值，不管是工作的、消费的还是生活的，并对它们进行量化管理，这是我们让自己保持理性的重要步骤。

组合有用资讯

“对信息的组合至关重要。”卡莱茨建议道，“我们需要的有用资讯少之又少，可能只占每天接触到的信息总量的1%。各种信息总是掺杂在一起，鱼龙混杂，真假难辨。要想在过量的信息中找到有用的东西，就必须提高思考能力，结合自身的情况确立一些原则。”

第一原则：最少精力。你要经常考虑如何用最少的精力获取最有用的资讯，比如在网上商城买一件衣服，你在搜寻商品信息时必须排除其他商品信息的干扰，集中精力在最短的时间内找到几条关键信息，然后再进行对比、筛选。

第二原则：找到关注点。比如，我为自己设立了一个关注点：财经新闻。那么我在做信息的筛选时就要保持专注，撇开其他领域的信息，不要三心二意。我们经常是这样的，本来只是为了解决一个很小的问题，但却不由自主地顺着那些抓人眼球的标题一个个点了下去，最后猛然发现，自己在上面浪费了很多时间。

第三原则：建立搜集目标。为了实现一个较大的目标，我们通常需要庞大的信息量。为此你可以制订阶段性的计划，分出长期目标和短期目标，这样才能做到有的放矢，不被海量信息淹没。这是战胜迷因定律的一个有效方法。

第四原则：兴趣引导。对于自己感兴趣的领域，我们可以多花些时间和精力去深入了解。前提是，它不会影响你重要的工作和生活目标。

大数据时代，我们无处可逃

数据成为促进商业扩张的迷因；数据简直无所不能；数据在成立它的帝国。

无处不在和无所不包的海量信息以前所未有的速度改变了人类的商业模式。有着丰富营销经验的霍利尔去年在旧金山开设了一个名为“大数据与商业营销”的课程，他通过这个课程与人们分享见解，并且帮助营销行业的新人尽快更新自己的头脑。他说：“在过去，为了说服顾客拿出支票本，营销人员必须熟悉心理学、社会学，还要精通人性，还要能把这些复杂的知识混合在一起来识别目标客户的购买信号。但是今天，这些全都不需要了，因为海量的网络数据可以在不到一秒钟的时间内就描绘出一个顾客的购买习惯，并判断出他的所有需求。”

传统被颠覆了。只要一上网，你的所有行为就能被精准地捕获。这些信息通过数据库的提炼和专业系统的分析，就形成了你的“消费DNA”：你的收入、喜好、购物历史和未来需求。

大数据比你自己都更加了解你。比如，通过你在互联网上留下的访问足迹，大数据会看到你更喜欢鲁菜而不是日韩料理，当你在网络外卖平台上寻找喜欢的餐厅时，系统会把评价较高的鲁菜馆放在优先位置，而把日韩料理店扔到最后一页，这样就保证了较高的成交率。再比如，自从你有了孩子之后，你只要打开网页，育儿广告或孩童用品的商品广告便随处可见。可以确定的是，再过几年，你的手机或网页上也会出现少儿才艺培训机构的广告。它们都是自动出现在你面前的，在大数据的环境中，信息的精准推送已经实现了自动化。

显微镜下的关联性

大数据的性格是“直爽”的，也是“坚硬”的，它拒绝“油滑”，也不懂“委婉”。它通常是直接给出一个预测结论，而不关心任何因果关系。信息的复制、传播和演化在大数据时代进一步升级，**迷因在影响我们时已经不需要逻辑性，只需要关联性**。

因此，不要试图证明“为什么”，只需要关注“有什么”。事实也正是如此，在绝大多数轰动性事件的爆发过程中，我们都看不到因果关系，有的只是相关性。不管是娱乐、政治事件，还是营销、消费领域的事件，比如“占领华尔街”运动和“双11”购物节，它们没有任何联系，但本质都是相同的——事件的发生不存在符合逻辑的前因后果，只有各种因素的相互作用和令人震惊的最终结果。迷因不告诉我们原因，只让我们看到它的威力。

这提醒我们，第一，不管是娱乐、营销还是别的工作，都要尽可能找出所有的关联性，以提高自己预测未来的准确性。第二，我们越来越难以对单一事件做出预测，因此，要注意搜集和综合分析所有的相关事件，只有把它们纳入同一个数据分析系统中，才有机会看到它们未来的演变趋势。

致命ID：商机还是危机

在互联网上，我们每个人都有一个账号，一个ID，这使我们都荣幸地进入了蓬勃发展的大数据时代：

·你在网上买书时会看到各式各样的推荐，不需要你动手去找；

·你在搜索旅游信息时会看到数不胜数的景点介绍，不需你进行实地考察；

·即便你在浏览器中随便打一个字，下面也会立即出现一行字：你是不是要找……然后很多相关信息会自动显示出来。

互联网和消费主义的融合让我们获得了前所未有的便利，但同时也使我们掉进了“过度消费”的陷阱。你一定有下面这些感觉：

·买了很多书，都堆在书架上或干脆扔在窗台上，但没时间看；两年前买的某本书一页都没看，但已经找不到了；

·买了很多风格雷同的衣服，有些从买来就没有穿过，一直挂在衣橱里，或者早已送人，但仍然觉得自己没有衣服穿；

·买了很多玩具或者廉价的数码产品，可实质上没什么用场，只能放在家里当个摆设；

·明知道网络上推送的很多信息毫无价值，只会浪费自己宝贵的时间，但还是会饶有兴趣地点开它们。

因此，大数据送给你的幸福同时也是你的不幸。**数据的迷因让我们无处可逃，我们只能不知不觉间成为它的传播载体，为它控制这个世界而服务**。我所在的行业也受到了互联网与消费主义的强大冲击，人们的思维在悄然发生变化，而且已经与过去完全不同了。也许在未来，互联网公司能够运用大数据技术创造一种全新的销售模式，并利用它创造更多的机会，甚至创建一个新的行业。但到那时，我们已经说不清它是商机还是危机了，这要看迷因准备把数据的作用发挥到什么程度才肯摆手。

也许你有无数个互联网ID，但是你的思维却只有一个。你时时刻刻都离不开互联网，你的真实身份在它的注视下袒露无遗。

- **它能精准地预测你将在何时何地对什么东西产生兴趣；**
- **它知道你的家庭信息甚至爱情观；**
- **它了解你的政治立场和思想观念；**
- **它十分确信用什么样的促销方式能让你“上当受骗”。**

对此，你不感到恐惧吗？

第七章

迷因与互联网：逃离拇指上的世界

互联网推动了人类社会的进化，但它有独立的基因；生活越来越方便，但我们不是更聪明而是更愚蠢了；网络迷因把人类困在了手掌之上，使我们自以为拥有了更多的选择；当虚拟空间开始扩张时，未来似乎没那么美妙。

互联网：信息帝国在扩张

网络的“迷因池”里面有人类文明的全部信息，有关于我们的所有故事。

显而易见，互联网的高速发展，尤其是最近10年的飞速进步已使它成为一个当之无愧的“**移动帝国**”，乃至于“虚拟经济”成了世界经济的主要引擎之一。这也是为什么各国纷纷提出自己的“互联网+”战略的原因。

腾讯公司董事会主席兼首席执行官马化腾解释说：“‘互联网+’战略是利用互联网的平台和信息通联技术，将互联网与传统行业结合起来，在新的领域内创造一种新的商业生态。”作为中国三大互联网公司之一的创始人，他认为“互联网+”是传统行业利用互联网来实现升级改造，其中的关键在于“+”，而互联网是完成其新生的工具。

什么才是“互联网+”

互联网从1969年诞生起，每天都在改造着世界，它不但促进了技术领域的革新和突破，而且全方位地改变了人类的消费、工作、生活、通讯和思考习惯。智能手机的出现为我们打开了移动互联网的窗口，信息的爆炸式传播再一次推动了互联网与传统行业的融合。

例如：脸书、微信等移动通讯平台为人类重新定义了社交；谷歌、百度等搜索引擎为我们展示了新的获取信息的方式；阿里巴巴、京东、亚马逊等电商平台重新定义了购物方式。任何一个行业都面临着移动互联和全新支付技术的冲击：要么接受改造，实现连接；要么拒绝改造，迅速消亡。

也就是说，“互联网+”的本质并不是简单地将互联网和移动技术移植到传统产业上，而是通过一种更有效率的方式对传统产业进行跨界整合。“互联网+”在所有的行业之间搭起了一座畅通无阻的桥梁，大幅削减了那些不必要的中间环节，也使人们的商业思维出现了**颠覆式的创新**。

你看看自己现在的日常生活乃至工作方式，就会明白“互联网+”到底带来了什么。它正在深刻重塑着每个人的思维模式和行为方式：

·购买服装和化妆品时，我们很少开车、坐地铁去市区的商业中心，而是打开淘宝或唯品会的网页；我们也可以在各大品牌的官网上直接下单，很快便有人送货上门；

·买书时，我们不用去新华书店或其他的民营书城，而是选择在亚马逊和当当网上下单，价格便宜而且质量有保证；你会发现它们比实体书店的上架速度更快，折扣更多，服务也更好；

·需要挑选一台电器时，我们也不必到实体的电器专卖店，苏宁、京东和国美等网站均有合适的品牌供你选择。

互联网支付技术迅速普及，并且很快和销售行业融合在一起，颠覆了我们的传统购物观和物流观念。电商和零售业的结合是一个明显的案例，不论是人流、物流、资金流还是信息流，通通在互联网平台的“信息池”中融为一体，这一新的商业模式在提高效率的同时也降低了成本，实现了各个行业的共赢。

全新的社会范式

“互联网+传媒”会发生什么？一个直接的结果就是“个性化定制”的普及。“个性化”作为信息裂变的工具主宰了每个人的头脑。在个性化需求的驱动下，你可以定制自己的生活风格、工作环境甚至虚拟一个社会形态，并把自己放进去。

在个性化的社会范式中，就像凯文·凯利的预言：“网络文化是社会的主流，人工智能成为人的日常用品。”你可以问问自己，你有多久没有看过电视新闻了？现在的我们习惯了通过手机客户端来知晓天下事，在互动的状态中阅读新闻，并在阅读的同时把这些消息转发和传播出去。

个性化意味着传统媒介和信息传播方式的失灵，那些广播式和教育式的信息平台、宣传模式将不再有效。取而代之的是高度个人化的媒介传播，它极具多元性和变化性，传播力度也非常惊人。比如盛行一时的微信公众号和微博平台，它们是人们普遍接受的信息传播渠道，但它们只是便于我们进行信息的选择，并不负责为我们验证信息的真假。

社交的裂变

“互联网+社交”的化合反应是什么呢？仅仅带来了社会的裂变吗？

不，互联网社交工具作为一种“迷因池”，使我们的人际关系发生了翻天覆地的变革。我们的社交观念在裂变，人们惊惧地发现：信息的爆炸让社交变得既简单又复杂，人际圈已经被互联网肢解得“**部落化**”了。

2010年上映的好莱坞影片《社交网络》（The Social Network）讲述了脸书创始人马克·扎克伯格的传奇故事以及这个本不起眼的网站如何为人类带来了全球性的网络社交革命。脸书差点儿被雅虎收购，但扎克伯格在天价的收购金面前不为所动，因为他知道自己带来的将是一场多么宏大的社交变革——雅虎当然也清楚。这个异常冷静的年轻人成就了全球最大的社交平台，脸书在2012年聚集了10亿用户，到2014年更是达到了22亿。

互联网社交的一个直接结果，就是传统社交工具的没落。你有多长时间没有发短信问候朋友了？你已经习惯了使用脸书或微信等即时通信工具，也早就融入了依托互联网技术的社交体系。在这个体系中，每个人都代表着一个社交的中心点，并可以以自己为中心向任意方向延伸，而不必依靠传统的有明显阶层划分的人脉关系。

“六度分离”的传统社交不再有效。传统社交基于“六度分离”理论，在这个理论中，A认识C，需要经过B，则B就是社交关系的中转站。我们最多通过6个人（中转6次）就能认知世界上任何一个陌生人，比如可以跟美国总统通上电话，嗯，理论上是有可能的。但在传播无限的网络世界，社交拓展不再需要人的中转，真正实现了点对点的社交，你可以直接跟奥巴马通讯——只要进入他的脸书主页，你就可以给他留言，而他一定能够看到。

交叉互动和部落化的新社交模式。移动互联网的迷因效应促进了人际关系的碎片化和社区化，人和人的交叉互动更加频繁和无序，社会群体也会被肢解成大量的社交部落，各个部落之间也可以互通互动，整个社会变成了一张巨大的网络。

移动的帝国

这是一个移动的帝国，信息把我们一网打尽，并去除了地理标记。卡莱茨刚去参加了一场由汽车企业召开的内部会议，他们发现有些互联网公司开始介入了汽车产业。这些互联网公司准备造汽车吗？不，他们不造汽车，但却可以用网络击败所有的汽车销售中间商，因为汽车将融入互联网销售，并且每辆汽车都可以被改造成一个移动终端。**将来汽车行业也会去中间化，变成一个由网络技术掌握的领域**。

卡莱茨说："那些汽车产业的巨头感到非常恐惧，威胁是直接的，新的颠覆很可能明天就会发生。信息技术的势力极其强大，在不可逆转地改变着世界。我的一个想法是，将来很可能也不需要手机了，手机制造商也会破产。为什么？"他解释道，"未来网络会渗透到每一个角落，通信终端到处都是，很可能我们身边的每一个物品都可以作为终端，你根本不用带手机，处处都有通信平台，你只需要用手点一下，输入几个数字，或者验证一下指纹，就可以通讯、上网，还能看视频。"

这时候，网络的"迷因池"就是我们的信息池，里面有人类文明全部的信息，有关于我们生活和工作的一切，有思考、创造和人与人之间的故事。这相当于互联网接管了世界，人类最强大的政府也改变不了这个结局。

网络迷因

面对“网络爆红”的传播机制，我们能有什么对策？

悄然之间，人们发现网络迷因(Internet meme)成为了互联网时代非常显著的一个现象。一些有“特殊气味”的信息或理念能够在不同的人群中疾速地传播，短时间内吸引大量的关注。这种现象也被称为“网络爆红”，它大多通过即时通讯、直播、博客或电邮等方式在网络上传播，而且能造成轰动效应。

1. 不仅仅是一种现象。

在表述和总结这个现象时，道金斯说：“它的内容很广泛，既可以是一个笑话、一句引语、一段传言以及某一个事实，也可以是一些视频和图像，甚至可以是某一个公司、某一家网站的名字。只要是能够在互联网上传递的内容，就有可能在适当的时候成为网络迷因。”就像我在办公室随便说了一句话，半小时后就被下属发到了社交平台，并获得了20000次点击和3000个评论一样，这句话没有任何征兆地成为了网络迷因。

另外它还有一个最重要的特点——网络迷因的所有传播过程都是自发的，不存在任何的强制性。它可以是有目的的策划，但它不能命令每个参与转发的人以某种特定的方式复制和发送信息。这些爆红的内容既可能保持原样，也可能被转发者加工改造，发展出许多不同的“信息变种”。

2. 网络迷因的案例。

目前，互联网的内容提供商正在尝试开发“网络迷因”的商业模式，因为能够爆红的内容不仅能吸引眼球，还具有变现的能力。比如，加州的一位网站开发者马丁在自己的平台开设了一个名为“有趣频道”的专栏，他鼓励网友在专栏上自由地分享他们在生活中的趣事。这个普通的网站每月的点击量竟然高达1.8亿次，于是他采取降低广告租用费的方式（最低费用为每千次网页浏览量收取15美分），吸引到了越来越多的企业找他发布广告。这一模式上线半年多，就为他赚到了上百万美元。

马丁说：“这里有任何你想不到的内容。人们用文字、图片和录像记录下的生活、工作中的趣事、糗事，平时无人关注的细节，在我这儿都有安身之地。我鼓励大家用恶搞的态度发现新闻，所有不能登上大雅之堂的消息，我都表示欢迎！”

有位在科技公司上班的实习生，在报到第一天就被同事拍下了打盹的照片，还被放到了网上。那是一张有些滑稽的照片，他仰着脸斜躺在椅子上，半张着嘴呼呼大睡，同事们则在他周围做着各种搞怪的动作，纷纷与他合影。照片立刻在网上疯传开来，并且掀起了一场继续加工和传播的迷因。人们纷纷展示自己修图的能力，上传自己的版本进行比拼。幸运的是，这个有些倒霉的年轻人没有失去这份工作。

就在不久前，社交网站BuzzFeed也利用有趣的信息来加大平台的点击量。他们做了一个实验：在一个西瓜上依次套上橡皮筋，测试它多久才会炸开。该实验在脸书上进行直播，顿时吸引了几十万人在线观看，成了这一时段当之无愧的“流行主角”。整个过程持续了45分钟，两名网站的员工穿着防护衣和护目镜，一本正经地围绕西瓜展开作业，不断地为它套上橡皮筋。等套到第660条时，西瓜有些地方开始喷汁；套到第686条时，西瓜终于炸开了，网站员工一起分享了这些残碎的西瓜，现场的围观者开始鼓掌欢呼，电脑前的观众也兴奋不已。

整个过程被制作成了录像，放到网站上供人观看，数天之内便有800万次点击和50万条留言，成为欧美网络世界的一个热门话题。参与其中的既有家庭主妇，公司职员，亦有大企业的高管，他们形容自己十分着迷，眼睛无法从屏幕上移开，甚至忘了去接孩子放学。

为什么一件简单的实验竟能引起这么多的关注呢？值得我们深思。

恶搞经济学

网络迷因为我们创造了一个新的产业：恶搞经济。制作一些能够吸引人们眼球的内容，从而积聚海量的关注和点击，并用一定的商业模式将关注和点击变现。这就是恶搞经济的核心。在美国，有很多个性化的网站专门从事恶搞经济，他们传播有意思的话题，或者提供你想象不到的帮助，比如告诉你“离你最近的手纸在哪里”，或者引领你探索一些奇怪的话题，兼有休闲娱乐与生活实用的功效。不过，商家的最终目的不是娱乐你，而是赢得你的关注。那些有趣的信息后面，总是搭载着你防不胜防的理念灌输或品牌信息。我们不禁要问，恶搞经济的商业模式为什么能够成立呢？

1. 参与传播的快乐。

比如好听的音乐和幽默的段子，人们在其传播的过程中获得了分享的快乐。一个典型的例子是《小苹果》，这首歌很快就火遍了全中国，并在世界范围内引起了关注，还被改编成很多种版本。人们并不是为这首歌倾倒，而是从传播之中享受到了快乐，人们并不在意分享的内容是什么，而是为分享行为本身而兴奋不已。

2. 营销从业者的灵感。

营销行业的策划者越来越关注眼球效应，他们虽然无法凭空创造“网络迷因”，但却可以在话题的传播中借力。2012年上映的3D电影《少年派的奇幻漂流》（Life of Pi）便巧妙地利用了加拿大作家扬·马特尔的原著小说的影响力，使得电影在中国的票房超过了美国市场。这在盗版和山寨领域也十分普遍，许多产品故意与知名品牌挂钩营销，设计有传染力的广告词，以达到扩大迷因效应的目的。

3. 传播者的改造。

霍利尔说：“多数网络迷因如果没有人为干涉，并不会产生我们看到的结果，有大量的网络流行词稍纵即逝，并没有获得足够的关注。有些流行词之所以形成了轰动效应，是因为传播者的广泛参与和改造。”人们在传播一句话的过程中喜欢加入自己的再创造，使它变得更易流行，比如“你妈喊你回家吃饭”等，无数人利用这类句式来表达自己的想法，从而使它们的传播范围更广、影响力也更大了。

4. 客户会开心吗？

达美航空公司全球市场通信部的负责人帕里斯说：“为了让客户开心，我们在最新发布的安全介绍视频中融合了多种网络迷因的角色，像彩虹猫、跳舞宝贝和尖叫山羊。我们在客机内播放这段有趣的视频，相信客户也会有全新的体验。”为了吸引客户的关注，丰富消费体验，“网络迷因”被有心的企业商业化了。取悦客户是恶搞经济学的目的，互联网特有的传播性和共享性成了它最有力的工具。

重要的是过程，不是结果

很多网络事件都是多种迷因在交叉起作用，比如“双11”购物节，便是许多不同的因素综合作用的结果。但就像前面讲的，网络迷因的本性却是一以贯之的：所有的传播与转发均出于自发，无法被强迫。同时，网民注重的是参与的过程而不是结果。这一无法修改的本质让我们意识到，迷因和基因一样，是超出人力控制的。它在网络中随机出现，同时又可能随机消逝。人们很难捕捉到明确的规律。

互联网本质上是一个舞台，企业的目标是在舞台上卖出自己的东西，或者向客户秀出产品。企业追求结果，而普通网民只是看重过程。怎样才能将两者结合起来呢？企业的动机是功利化的，也是理想化的——如果既能让参与者获得快乐，又能在传播过程中不付出成本，使经济效益最大化，何乐而不为呢？于是，越来越多的企业开始重视互联网营销，利用迷因效应策划传播方案，以图在网络迷因的大潮中有所收益。但现在看来，我们还没有发现任何一个产生了巨大影响力的网络迷因是可以被企业有组织地策划出来的。

我们更聪明还是更愚蠢了

人类以为自己越来越聪明，事实可能让你大跌眼镜。

和没有互联网的时代相比，我们现在获得信息更便捷、更容易了。不仅获取信息的速度大大提升，渠道也十分丰富。然而，在如此海量和庞杂的信息面前，我们是否更聪明了呢？如果一个人有正确的认知和判断能力，并且懂得怎样过滤和分析信息，他就能增加自己的知识储备，成为一个更加理性和智慧的人；反之，如果他对所有的信息都不加分辨地一味接纳，盲从盲信，那么丰富的信息反而会使他的分析和判断能力不断下滑——看起来，他好像越来越愚蠢了。

这是因为，互联网提供了无穷无尽的信息和知识，大大压缩我们学习的过程，使我们缺少必要的消化时间，更容易做出似是而非的判断。

高科技原始人

2003年，在苏丹首都喀土木广泛地流传着一个谣言：**“外国人用跟苏丹男子握手的办法可以使其阴茎消失。”**这是一个荒唐的谣言，但却通过手机短信流传甚广。许多当地人对此深信不疑，他们用手机分享这个消息，并叮嘱同胞警惕外国人的手。在智能手机已经非常普及的互联网时代，竟然还有人相信这种荒诞的事情，他们就是典型的“高科技原始人”。

苏丹长期处在战乱之中。苏丹人拥有现代杀人武器和高科技通信工具，AK47和智能手机几乎人人都有。这就出现了奇特的一幕，他们身背冲锋枪，拿着手机，每天登录推特，却害怕外国人的手。这是多么可怕的场景，你不敢正视他们的眼睛，因为那里有仇恨的怒火，同时也是愚蠢的火苗。不过，同样的现象并不是非洲穷国的专利，英国也有大量的高科技原始人——信仰极端思想的英国年轻人通过手机来观看人质被恐怖分子斩首的录像，并在录像下面点赞。

这不禁让人瞠目结舌，但似乎又再正常不过。

目前供职于谷歌的技术专家卡瑞在一篇博客中介绍了自己的研究成果。他认为，互联网渗透到生活的各个角落，没有任何遗漏的地方，这使人们习惯于借助网络信息进行学习、思考和决策，无形中改变了人类大脑的运作方式。

“当我们点击闪烁的在线广告或者修改社交平台上的信息时，我们也许正在破坏自己的神经系统；我们对互联网长时间保持专注以便完全融入它的情境，但并没有学习到多少有益的知识；我们伴随谷歌长大，可能大脑已经忘记了没有互联网的生活是什么样的，也很难平静地理解人与人的关系。”

这本身就是让人们变得低智化的迷因吗？我不能对此妄下结论，但互联网在推动社会进步、促进社会开放的同时，确实也产生了大量的副作用。比如，人们可能早就习惯了从电脑屏幕右下端的弹出窗口来获取信息。并且，弹出窗口越多，人们对内容的理解程度就越低，经常是一扫而过，并没有留下太深的印象。

肤浅的思考者

互联网对人类社会带来的冲击以及对各个行业产生的影响越来越大，实质性地引发了“第四次科技革命”。科技的进步又带来了知识的爆炸。信息是海量的，平台是无限的，人们眼花缭乱。网页、微信、微博上的各种消息推送让大脑应接不暇。可以这样说，在互联网的世界中，我们不用通过任何有形的工具来获取对这个世界的认识。你只需要点击一下就能将世界尽收眼底。

我们的大脑终于被解放出来了！自私的基因当然会为此欢欣鼓舞：我们不必再绞尽脑汁，也无需四处收集资料，然后再进行艰苦的比对、筛选和分析了。一切学习的方式都是全新的，它放纵了我们的大脑。

·经常阅读互联网内容的人，理解能力会逐渐降低，远不如每天拿出固定时间来读书的人；

·频繁使用多媒体报告的人，不仅在眼花缭乱的信息展示中难以总结重点，记忆力也会下降；

·当你时刻被手机通信工具和电子邮件干扰时，你的理解能力会下降，你也很难集中注意力进行深度思考；

·互联网让我们忙于多项事务，无法一次只做一件事，这降低了你的创造力和工作效率。

1. 无所不知就是一无所知。

由于互联网特别是移动互联网的发展和普及，我们能轻易地收集到海量信息，达到了“无所不知”的境界——没有什么是你不知道的。但是，**当你无所不知时，其实你一无所知**。无限信息的持续干扰分散了我们的注意力，让我们的思考变得破碎和肤浅了。

注意力的分散非常致命，它在为你提供多种信息的同时，也使你的智力和决策力变得极为低下。表面上你无所不知，实则你无所理解。你虽然在网络上浪费了大把时光，但并没有学不到真正有用的知识。

2. 可怕的“记忆逆进化”。

著名的发育心理学家帕特里夏·格林菲尔德在自己的一篇文章中概括和总结了不同的媒体技术对人类的认知能力构成的影响，并刊登在了由美国科学促进会主办的《科学》（Science）杂志上。她的研究表明，虽然在电脑上玩视频游戏能够提高人的“虚拟读写能力”，优化人脑对于屏幕上的图像转换的注意力和思考速度，但这种优化的另一效果却是降低人的记忆力，使我们的思维变得机械化和缺乏灵活性。

这是一种被称为“记忆逆进化”的智力倒退。在网络世界中，人们不断受到各类信息的干扰，从而无法形成强烈和富有深度的神经连接，做不到深刻的思考，也无法发展出更高的创新能力。于是，我们在本质上成为了信息的“信号处理器”和“接发中转站”，记忆力成了一个无用的东西。

注意力失控

美国的几所常青藤盟校曾经推广了一个教育实验：允许一半学生在课堂上使用可以上网的笔记本电脑，另一半学生则不能接触电脑。这一实验为期3个月，结果表明，经常在课堂上使用联网电脑的学生对知识的掌握非常糟糕，因为他们的大部分精力和注意力都用在了浏览网页和聊天上。

这不是警告，而是现实。埃伦将这一案例写进了自己的著作，并在心理学课程中予以教授。他告诉自己的学生不要被网络分散注意力，他说："新型互联网媒介在损害人的认知技能和降低人的注意力的同时也让人看起来更傻了。"这种大面积的注意力失控，还表现在人们对网络内容的分享上——**人们忙于转发而疏忽了思考**。

1. 信息对人的要求。

信息作为网络迷因的构成元素，对人的要求很简单：

- **人不必思考，只需要复制和转发就可以了；**
- **人不必集中注意力，只要打开电子工具，接入互联网就行了；**
- **人可以什么都不用做，但必须成为信息的中转站。**

我们的研究人员曾与加州大学的心理学实验室进行了一次合作。他们对50个经常使用互联网媒体的人和50个不太关注互联网的人开展了认知方面的检测，参加实验的人主要由媒体记者和传统的学术研究者构成。研究人员发现，经常使用互联网媒体的人在认知方面的表现是比较拙劣的。他们太容易分心了，既不擅长控制注意力，也很难从复杂信息中筛选出重要信息。后者的表现要优秀很多，他们以强大的自控力和对某一话题的深度思考著称，也能够对很多问题发表独特的见解。

对这个结果，我们并不感到震惊。人们总以为这些见多识广的人拥有心智方面的优势，其实不然，他们"见多识广"，却未必有"真正的高见"，他们把一大半的思考力和注意力投入到了不重要的地方。与传统的学术研究者相比，平时用互联网工具处理工作的人在深度思考方面表现出了明显的不适应，因为任何事物都可能分散他们的精力。

2. 关掉互联网，情况会有不同吗？

马上拔掉网线，关掉手机，情况会怎样呢？这些负面的伤害会立刻消失吗？我们要求实验的参与者接受为期2个月的“断网测试”——60天内，除了必要的工作邮件，不能使用网络，也不能打开网页浏览新闻；可以用手机接听电话和发送短信，但必须设置成自动断网模式；远离推特等社交平台，每天只能通过报纸这种传统媒体来了解世界上发生的事情。就是说，在这段时间内，参与者要回归互联网发明之前的传统生活。

情况的确不一样了。他们反映说：“很奇怪，早晨不到7点就醒了，以往9点起床还觉得十分劳累，晚上不到10点就感到困倦。身体逐渐恢复了正常，重要的是耳聪目明、思维清晰，对事物的专注力和判断力都有极大的提高。”还有人兴奋地说：“我感觉自己从来没拥有过这么美好的生活状态，整个人都变得理性和冷静了，也重拾失去已久的耐心。”但是，也有人感到沮丧：“我睡不着，身体疲乏，胡思乱想，就像是戒断反应。”

互联网通过改变我们的思维习惯来强化某一部分的神经功能，使它更适应网络社会的要求，但其他的功能却被弱化了，比如大脑对信息深加工的能力被大大削弱了。远离网络一段时间后，部分人能够调整思维，也有一些人难以适应——即便不再使用网络，他们被改造过的神经功能和思维方式还会继续主导他们的生活。

克制与自律才能让你更聪明

卡莱茨一直在研究技术对人类造成的负面影响，其中就包括互联网。他的观点和道金斯有所不同：网络迷因是全方位的，它不仅包括文字、图画和视频，还包含技术本身。互联网技术的出现对人类文明来说就是一种迷因——他的原话是“蝴蝶效应”，也称为拓扑学连锁反应。他对网络信息的爆炸式增长充满担忧，认为这将不可逆转地降低人类的智力水平。

“除非重新训练我们的神经回路，让大脑找回克制与自律的能力。”他说，“我们的大脑正因对网络的频繁使用而被‘大规模重造’。这一工作已悄悄开展十几年了，幕后凶手就是互联网技术，它正按自己的需要塑造人类，如果不加以重视，任凭其演化下去，结果将是致命的。”

每天一睁开眼睛，我们就被网络迷因包围着（抚养着），也被它塑造着新的思考模式。在网络冲浪中，我们失去的是**平静**和**专注**的能力，进而也丢掉了沉思和内省的能力。互联网不允许你过慢节奏的生活，而是让你永远处在一种高速运转的状态，重复迷因的演化过程——帮助信息进行复制、传播和演化。也就是说，网络正让我们变得“看起来聪明”但实质上越发愚蠢，它调低了智力的标准。

平静和耐心地思考。读书是一个好办法，它能使人的注意力集中起来，对焦到某些重点内容上。和电脑不同的是，纸张总能让人不由自主地找到沉思的状态，并且主动地进入一种精神自律的模式。所以，为何不在每天抽出1到2小时的读书时间呢？用读书加强大脑和现实的联系，进而提升自己的克制力、训练自己的意志力。

如果意识到互联网在放纵你的欲望，那么你会怎么做？我们花在网络上的时间就像水草一样，看起来很难压缩，而且还在不可遏制地疯长。把时间浪费在互联网上会让你的现实生活有所损失——它满足了你渴求精神刺激的欲望，也让你逐步丧失了独立思考的能力。识破了互联网的“阴谋”，我们就能找回克制和自律的能力吗？先从控制自己与网络终端的接触开始吧。

虚拟世界的规则

真实和虚拟的区别是由迷因左右的吗？生命只是“意识体验”吗？

想象一下，假如网络世界与现实世界的位置颠倒过来——虚拟世界成为真实的社会，而现实世界则处处都是不真实的体验，接下来会发生什么事情呢？

卡莱茨警告说：“这并非天方夜谭！在现实世界中，互联网技术无论如何发达，网络平台仍然运转在人的思维之下，不可能脱离人类社会独立存在。但这种常识显然已经越来越被证明是一种错觉。**网络世界在意识层面是独立的**，它事实上割裂了人脑，在我们的意识中形成了两个互相影响但具有不同本质的社会。在两个社会之间，人们时而以另一种身份进入虚拟世界，时而又从网络回到现实。”

人们通常认为，人在虚拟世界的所作所为是由物理学意义上的人主导的，因此，人们必须要为自己在虚拟世界的言行负责。网络迷因引发的一切演化都脱离不开现实世界，它仍是社会关系的一部分，是现实生活的延伸。只要承认这个事实，传统世界的规则就仍然适用于互联网世界。

不过，网络世界的发展已经远远超出人们的预期，开始对人的意识产生了实质性影响——哪一个世界才是真实的呢？不乏有人发出类似的疑问。甚至很多科学家也在研究“人类生活在一个虚拟世界”中的可能性，他们遍览一切证据，仍然不能指出虚拟空间与现实生活的区别。

这是一个迷因式的问题：**你是否有方法判断自己的生活真实与否**？

1. 一个虚拟的世界：规则被复制。

我们应该知道，在未来的某一天，人类文明终将不复存在，但信息文明仍会继续下去。信息作为宇宙的基本组成，永远不会消亡，也不会灭绝。在虚拟的世界中，信息所遵守的规则也具有“不死”的特征。从本质上，现实世界只是信息世界的衍生品，信息文明并不是由我们创造的。我们基于现实世界的规则去反思自身的真实性是不恰当的，这是个伪命题。

今天，我们和信息文明是同步存在的，由网络构成的所谓虚拟世界只是人类的错觉。当你可以明确认知两者的区别时，你才有机会重新调整自己的思考，看到现实生活的无限可能性。

2. 先有意识还是先有规则?

意识是生命演化的迷因。在我看来，她既非上帝所生，也非宇宙的意外，而是能量与物质的中间形式。这一特殊的存在形式让意识拥有了无限可能性，从而产生了一个有趣的话题：

我们如何才能知道自己是人类本身，还是仅仅作为一种模拟程序而存在？

这是网络社会（虚拟世界）的繁盛带来的哲学之问吗？哲学家尼克·博斯特伦早就思考过这个问题，他为此设定了一个分析框架，并认为有三种可能的答案：

第一，不可能。当意识的模拟技术出现之前，我们或许就灭亡了；

第二，不现实。文明社会即便拥有这种技术，对使用它也兴趣寥寥；

第三，很可能。人类可能就是一个意识模拟的文明，但没有证据。

虚拟社会每时每刻都在发生内容爆炸，其规则是什么呢？我们在网络社会上是否会遵守着现实文明的一切规则？一直以来，人类都有主人意识，但它可能是一种假象，尤其在移动互联技术高速发展的今天。

自由的代价

当自由随意扩张时，当自由凌驾一切时，谁又在窥视你的隐私？

正因为“捍卫言论自由”是网络世界的一项重大原则和主要的价值所在，才使得“容许轻微诽谤”的宽容精神在失控的大众传播中演变成人们的无法承受之痛。讨论自由的代价是一件令人困惑的事情，因为我们完全不清楚是人类获得了自由，还是自由借助人类实现了无限传播的目标。

有一次，哈罗德在评论美国国会的互联网审查政策时说：“在互联网时代的早期，国会并不会认同‘互联网会对我们干什么’这样的问题，与其说他们与这个‘数字恶魔’迅速达成了妥协，不如说是他们天真地认为互联网社会的自由与现实世界一样，完全在国家机器的控制之内。这不是成心之举，而是乐观的代价。”

那么，在这一原则的支持下，人们不必对彼此之间发表的言论承担责任。或者说这种责任是微乎其微的，就像“秋风拂面”（哈罗德的评价）。即使那些在手机APP和网络论坛疯传的是一些恶毒和中伤的言论——人们获得了随意发表看法的自由，却丧失了保卫尊严的权利。

献出你的隐私

田纳西州已经退休的新闻编辑约翰·塞根塔勒的遭遇让人同情，他是互联网言论自由的受害者，但远不是最后一位，而且这样的事例才刚刚开始。忽然有一天，塞根塔勒发现有人在维基百科关于他的介绍中添加了一些“戏弄性”的内容。这些内容是不真实的，是对他的诽谤。更严重的是，这些虚假信息很快被他人引用并被四处传播，以至于其他的资料网站也纷纷跟进。

他对此非常愤怒，除了在报纸上刊文抨击维基百科不加专业审核就任由他人随意编写词条的做法外，还反思了这种行为对于他人隐私的侵犯——互联网平台赋予了所有人免费加工信息的权利，并把这些信息汇集成了一个庞大的资料库。但互联网服务供应商和平台方对用户的为所欲为却不承担任何责任，这似乎是在鼓励人们冒险编辑虚假信息，发表自己想要的观点。

这种做法保护了言论自由，但同时让很多人成了这种免责保护的受害者。由于有免责保护条款和对自由言论的倡导，人们可以大胆地窥视他人的私生活，并将其分享到网上供大家讨论和转发。这种类型的网络传播让许多人深受其害，不仅在欧美社会，中国也不例外。

虽然被披露了出来，但针对塞根塔勒的恶意信息并没有被及时纠正和删除，而是在维基网站上停留了数月之久。维基百科的官方回应是：“我们无权制止用户的行为，这是言论自由。”但事实上，这是披着自由的外衣，在对他人进行人身伤害。信息发表和传播的开放性让我们为自由付出了惨痛的代价，除非你选择成为“作恶”的那一方。

无法挑战的“互联网法律”

通过法律途径可以解决这一问题吗？律师告诉塞根塔勒，这是非常困难的。因为根据美国的互联网法律——1996年通过的《通讯正当行为法》，维基百科不用对任何错误、甚至是诽谤性的言论负责，因为它只是一个平台而已。就像一个人在侵犯你的隐私后自辩说：“**很抱歉我伤害了你，但我不用为此负责，因为法律保护我的隐私，所以你不能报复我**。”

对于善良的群体而言，这实在是不太公平了——在互联网上受到诽谤却无法寻得公正，当诽谤信息发酵成流行事件时，找回信誉的代价也非常高昂。对此，纽约州的一位法律中心负责人同情地说：“至少维基百科还允许发布者及时更正错误，如果塞根塔勒在其他网络平台受到诽谤，想消除错误绝无可能。”这似乎表明，我们无法挑战“互联网法律”。网络隐私问题生来就是失控的，它从互联网刚诞生时就产生了，只不过人们今天才意识到它的严重性。

小心，它就在你耳边

仅从塞根塔勒事件我们就可以清晰地看到，这一“自由扩大与自由受损同时存在”的问题并没有简单和直接的解决方法。人们从中得到的仅是一个枯燥的提醒：不要信赖摆在你面前的一切信息，哪怕它出现在权威网站。在传播一条消息之前，我们需要用足够的时间来验证它的真伪。比如，采用“对比搜索法”从不同的渠道对信息进行辨别，就像维基百科的法律顾问杰恩·巴普蒂斯特·苏弗隆的建议：“懂得用Google搜索一下就行了，也许就能真实大白。”

这是否意味着，生活在网络社会的人都应该小心翼翼，以防隐私被侵犯，并且没有任何一部法律能够作为防身工具？在近几年热播的美剧《疑犯追踪》（Person of Interest）中，编剧用离奇的剧情揭示了一个可怕的未来——互联网为人类带来优质生活的同时，也在编织一个噩梦。这个噩梦既是隐私的无限泄露，也是网络技术发展到一定程度后的必然结果，它会让全人类为自由付出代价。

例如，电视剧的主角芬奇一开始就用独白的方式道出了网络社会中隐藏着普通人看不到的世界——美国政府正在监控一切。

“You are being watched. The government has a secret system: a machine that spies on you every hour of every day. I know because I built it. I designed the machine to detect acts of terror, but it sees everything.”

（你被监视了。政府有一套秘密系统，有一台能够时刻监视你的机器。我知道这一点因为机器是由我设计的。我设计它的目的是为了反恐，但它现在看到了所有的事情。）

当这段宣言刚出现时，人们认为它太耸人听闻。但随后没多久，前中情局技术分析员爱德华·斯诺登的出现就证明了这一判断的正确性。网络技术在窥视和收集我们的一切信息，它本身就是一个掌控一切的迷因，没有人能够控制它的“贪欲”增长，也没有人可以用自由与它交换绝对的安全。

《互联网黑洞：史无前例的互联网忧虑》一书是我非常喜欢的一本对未来进行预测分析的著作。在这本书中，中国的互联网元老仲昭川先生用他的专业分析让我们看到了网络社会对人类命运的重要影响，也引申出了一个重大的话题：在现实世界中，人们做了违法的事情都要为自己的行为付出代价，没人能够逃过法律的惩罚。可是，侵犯我们自由的技术会吗？

第八章

迷因与技术：危险的人工智能

是我们在发明技术，还是技术在改造我们？《黑客帝国》的预言会发生吗？技术已经掌控局面，但它的终点在哪里？

第七种生命体

人工智能对生命有什么影响？技术是不是迷因长出的翅膀？是生命赢了，还是技术在笑？

作为加州理工大学生物工程技术专业的资深教授，卡莱茨对技术迷因的研究颇有话语权。他不止一次提到希伯来大学的教授乌瓦尔·诺亚·哈拉利在2015年的一次预言：富人会在未来的200年内让自己成为上帝一样的“半机械人”。卡莱茨否定这个预测，但赞同这样的分析和担忧。“害怕死亡”和“寻求永生”是基因永恒的追求，人类永远无法抵抗永生的诱惑。在这一迷因的驱动下，技术将不可避免地向这个方向发展，当生物技术和基因工程的进步具备这样的条件时，有钱人就会企图让自己变成“不死之神”。

在英国威尔士举办的海伊文学节上，哈拉利是这样说的：

“我们一直在使欲望程序化。但即使我们从中得到了快乐和成就，也不会满足，因为我们想要得到更多。我认为接下来的200年内会有一些变化，很可能会出现像上帝一样不朽的半机械人。当科技可以帮我们实现这个目标时，它一定会出现，但这仅限于很有钱的人。迄今为止，我们的社会通过宗教信仰、金钱和基本人权的意识等因素暂时团结在一起。只要人类相信我们可以通过众神而不是自己来得到更多，就会处在一个可控的状态中。但在过去的几百年内，人类变得越来越强大，好像不再需要众神的帮助了。现在，人们都在说，我们不需要上帝，而只需要科技。这些声音正从美国的硅谷发出。”

“让自己不朽”的迷因在不断推动着技术的进步，只不过是朝向一个危险的方向。像互联网一样，人工智能开始学会思考：“我如何才能帮助人类？”这样的思考在带来积极效应的同时，也一定会产生意想不到的副作用。随着技术的升级，人工智能本身也会成为一种新的生命。就像凯文·凯利所说：

应该说，技术已经成为生命的第七种存在方式。因为它的演化与包括植物、动物、原生生物、真菌、原细菌、真细菌这六种生命体惊人的相似。

技术正要求你倾听它的需求

有人一定会大惊小怪地问：技术真的是一种生命体吗？这其实早已不是一个问题。显而易见，早在数十年前，技术就已是人类生命的延伸，承担着人类做不到的工作。它不是完全独立于人类生命之外的东西，但它确实已经构成了一个丰富的而且在自我进化的“生命组织”。

不论是李彦宏“技术改变互联网”的观点或者凯文·凯利“追踪技术改变未来”的观点，都反映了人工智能与互联网的深度融合对人类未来的颠覆式改变。在未来的20年内，我们会看到机器人的市场将极速膨胀，机器人将变得更加智能化和人性化，也将逐步拥有自己的思考。尽管这种思考仍然是基于人类逻辑的。

重要的是，技术的发展将进入一个新的阶段：

一方面，人类的需求促进了技术的革新。人类通过主动融合的原则来驾驭科技，让它为己所用；但另一方面，人类不得不倾听技术的需求，为它的主动进化提供充足的支持，并接受它的馈赠。

警惕狂热分子

正如哈拉利的嘲讽："全世界99%的狂热分子都在硅谷，我是指足以威胁人类生存的那帮家伙，他们是科技界的恐怖分子，是赤裸裸的技术信徒。"

2014年夏天，在一个阳光炽热的中午，我和卡莱茨一起来到硅谷的贝林实验室。这是一个不起眼的小房子，坐落在硅谷的东北角，掩映在几棵葱郁的大树中。

贝林实验室成立于2012年，由7名联合创始人共同出资设立，他们来自美国商界和两家基金会，雇佣了16名生物科学家在这里日夜工作。实验室的主持人和项目带头人贝林起初在哈佛大学任教，后来又在谷歌的人工智能团队任职3年。因为对谷歌公司的诸多限制政策感到不满，贝林很快就离开了那里。他后来遇到了卡内基基金会的一名项目联络人，对方正在寻求可以赞助的科学团队以进行人工智能及生物科技方面的研究，两个人的想法都十分大胆，于是一拍即合——他为实验室融到了第一笔启动资金。

见到我们，贝林难掩一脸的兴奋之情。就好像自己精心研制的产品即将面世一样，他把我们看成了向世人介绍他的技术构想的最好的传声筒。毫无疑问，他要让我们看到这间实验室的伟大之处——这里的每一名成员都试图创造一个不可能的奇迹：实现“死亡复生”和“意识复制”。他们狂热地投入该项研究，不计成本，甚至有些不顾后果。

在很多人的眼中，从事技术研究工作的人是可敬的。这句话没有错误，但在我看来，硅谷的科学家固然值得崇敬，他们背后的人工智能时代的“梦想传教士”和“技术至上”的吹鼓手才是主导力量。我认为贝林就是这样的人，他对技术的认知有极高的水平，他高调地看待正在发生的人工智能革命和数字化浪潮，觉得自己有必要而且必须做点什么，好像这是对全人类都十分重要的事情。

“我们是一群技术狂热分子，而这里就是乐园！”贝林笑着说，“20世纪90年代，我的梦想是创办一家技术媒体，后来又希望做一家充满技术理想的网站，但这些均未成功。现在，我们这些人找到了正确的目标。”

他否认自己是思想家，但他坦承自己喜欢《黑客帝国》那样的电影，并对此有独到的见解。贝林的技术哲学是积极向上的，他对人工智能的前景非常乐观，认为其至少有三个方面的应用对人类是至关重要的：

第一，意识和记忆的转移技术，将实现人类永生的梦想；

第二，意识和思考的自编程一旦实现，就是人工智能技术的关键突破；

第三，意识可以克隆，意味着每个人的智慧都可以无限分裂，那将是人类史上一件具有决定性意义的大事。

然而，死亡不可复生，意识也不可复制。这并非一厢情愿的揣测，而是由基因的性质决定的。根据量子世界的不确定原理，没有谁可以完整地复制一个“基本因子”，这就注定了技术的进步是有天花板的。贝林的实验普及开来，将对人类社会产生毁灭性的影响，但对技术而言却是一件好事——它可以冲破人类道德的最后一道防线。

我并不是在预告未来，也不是评价贝林实验室的科研性质。警惕狂热分子始终是我的原则，不论是技术还是其他领域，狂热的信仰都容易产生巨大的错误和毁坏力。

主动融合原则

和贝林这样激情四射的人物聊天不是一件轻松的事情，尤其当他对面坐着一位与他针锋相对的大学教授时。卡莱茨不停地与他辩论，就像针尖对麦芒一样，整个下午的气氛热烈而又尴尬，他们感觉时间过得飞快，而我则度日如年。难道不能折中地看待两者的分歧，为两种相反的理想找到一个交集吗？

我们在本书中要解决的一个中心议题，仅仅是“迷因的未来是好还是坏”的答案吗？当然不是这样，我们要寻求的不是答案，而是适用于未来的思考方式。

1. 技术在想什么？

2014年6月，凯文·凯利在中国举办的一次移动互联网峰会上做了长达90分钟的演讲。就像《失控》中描述的那样，他为我们展望了未来颠覆式的技术将对商业和人类造成的影响。他说：“边缘性的创新变得艰难了，但基于移动互联网的技术正在产生颠覆式的革命，大数据，人工智能和深度学习，3D打印，虚拟货币等，这些技术正在改变人类。”我们从来没有像今天这么依赖技术的革新，简直到了“**瘸子依赖拐杖**”的地步。

但是，就像凯文·凯利在《失控》中提出的疑问：如何使用技术，才能不使其失控呢？换一个角度问，技术在想什么？技术的本性是温顺的还是叛逆的？只有当我们能够客观地站在技术的立场、用技术的语言和它沟通，才有可能听到技术真实的心声。

2. 从技术的视角观察生命。

道金斯通过基因的视角观察生命，然后告诉我们，生命的不断繁衍在某种程度上是基因不断繁衍的自我需要，而不是由人类的情感和责任感决定的。那么，从技术角度看待生命，得到的结果也同样如此。技术作为独立的生命体，她一定在思考：“我应该做些什么才能继续强大？”这和基因的“思维”没有本质的区别。

凯文·凯利曾经收集到了一些图表，它们展示了地球上各大生命体的演化的起点、时间和过程，在对比之后他惊讶地发现——他惊讶于自己和道金斯看到了类似的历史——技术的演化和生命的演化极为相似，技术的历史和生命史没有什么区别。假如技术是有生命的，它一定认为自己和人类、老虎、微生物一样，有完善的基因组和相对独立的属性，尽管它实质上是对于人类生命的补充。

所以凯文·凯利告诉我们，这一幕早晚会呈现在人类的面前——**技术不仅仅是生活方式，还是一条生活道路**。

面对这条道路，我们应该怎样选择呢？

技术的复制和演化

技术是怎样发展出人工智能的？技术最终的目的是什么？

卡莱茨曾在课堂上对自己的学生说：“我们要永远防范NASA，他们会在有限的预算里把人类推向毁灭。”引起他不满的并非火星探测计划和哈勃深空望远镜，而是有些科学家不断尝试对外太空发射地球坐标的行为。对拥有这些想法的人，包括那些对人工智能的研究抱有天真想法的冒险派，他只有一个评价：疯子。

在过去的4年中，卡莱茨带领一个7人小组开展了对世界范围内人工智能产业的深度调查。他们有专业优势，对行业的前景洞若观火，同时又有人类学、生物学和深厚的哲学背景，对于技术的历史和未来有着更宏大的看法。比如在谈到“人工智能”的前景时，卡莱茨的看法是：“不要试图创造类似人的心智那样的东西，那会是一条不归路，既不现实，也很危险。有些科学家正在说，喂，你不要把话说得这么绝，我一定能做到！但是他们什么都做不到，我会阻止他们的……我相信全世界的政府、军方都会阻止他们这么干的。”

过去的20年间，科学家对于“**大脑中的秘密软件结构**”的研究计划，启迪了很多年轻人开始探索人工智能，并把自己的工作与新技术联系在一起。通过写出会独立“思考”的电脑程序，我们有可能弄清人脑是怎样工作的，这是一项伟大的工作，同时也像卡莱茨预测和警告的那样，我们在按照技术的计划和期望开展行动。

现实距离这个目标还很遥远，电脑虽然拥有足以模拟人类神经回路的灵活性与强大的硬件功能，但是仍然摆脱不了一个基本的陈旧的模式——它只能对精确的指令有所响应，而无法分辨模糊的命令，更不能自主做判断。

不过，想想吧！就在不久前，谷歌的人工智能产品“阿尔法狗”（AlphaGo）在围棋比赛中战胜了世界围棋界的顶尖高手，尽管它仍然依靠强大的运算能力，但相比5年前，它的进步可谓是一日千里。对此，我们已经不再大惊小怪。技术突破了一定的结构瓶颈，开始从识别阶段进入到认知阶段。识别和认知有什么关系呢？我的看法是，当识别能力积累到某种程度时，技术就会产生一定的自主认知。在未来相当长的一段时间内，这都是人工智能无法摆脱的最基本的理解机制。

自我复制和自我进化

一个发生在17世纪的科学笑话是和勒奈·笛卡尔有关的。笛卡尔是法国著名的哲学家、数学家和物理学家，写下了《方法论》（Discours de la m é thode）、《形而上学的沉思》（M é ditations m é taphysiques）等名作。在为瑞典女王克里斯蒂娜当家庭教师时，女王问他对于人体有何见解，笛卡尔回答说：“人体可以被看作是一台机器。”“噢，是吗？”女王指着墙上的钟说，“它是否能产生后代？”

在当时这是一个让人啼笑皆非的趣闻，但在今天，科学家告诉我们，机器的自我复制和自我进化的时代已经到来了。这不是科幻小说，而是由技术的自主进化导致的必然结果。

事实上，在1802年就有人喊出了“让机器制造机器”的观点。威廉·佩利在《自然神学》（Natural Theology）一书中提出了著名的“**钟表匠类比**”理论。他说：某一个像表一样复杂的东西可以存在的前提是世间存在着钟表匠。以此类推，生物的存在背后，一定有上帝——这是神一样的钟表匠。上帝让人造人，人为什么不能让机器制造机器呢？至少从理论上说，电脑程序实现了他预言的一部分，某些代码已经可以由程序自动完成，而不是由人逐行输入。与此类似的还有某些写作软件——这些蹩脚而又免费的东西可能是人类文明史上第一个试图模仿大脑的智能程序。

1949年，被后人称为“计算机之父”和“博弈论之父”的美籍匈牙利数学家约翰·冯·诺依曼展示了一台机器将会如何“自我复制”。他介绍说，这台机器既是一个建造过程中的部件，又是复制的最终目标。他将其称为“普遍的建造者”，这意味着复制的媒介同时也是用于存储复制指令的媒介。听起来很难理解是吗？简单地说，它必须既复制自己，又能存储这条复制命令。这是一个伟大的设想，它允许了开放性的复杂和随机出现的偏差。对于文明史来讲，它又是里程碑式的，因为诺依曼设计了一个能够自我复制的“非生物系统”。这台机器没有生物的基因和双螺旋体，却可以做到像生物一样的工作，这难道不是奇迹吗？虽然诺依曼的模型起初只在数学空间内奏效，但他为后人指明了方向。现在，能够打印大多数的自身部件的3D打印机就是一个明证。

最关键的问题可能是：机器除了自我复制，是否也能拥有自我进化的能力？

我们可以看到，作为机器的大脑和指挥中枢的人工智能系统，最近两年已经取得了很多突破性的进展。其实，早在一百多年前，小说家塞缪尔·巴特勒就十分肯定地认为“这是可能的”。巴特勒在一生中用了二十多年的时间攻击达尔文的进化学说，其实他并不完全反对进化的观点，只是更加肯定智能的地位。他认为：“进化是智能机器的竞赛，而不是人类的，前者才是进化的下一个步骤。”这和道金斯以及丹内特的观点有整体上的相似性，他们跳出人类的视角，站到了一个更宏观的角度来审视智能的进化——不管它是人类的还是技术的。

技术的学习能力

最近，一个恶劣的案例发生在微软公司。为了证明人工智能的学习能力，微软推出了一款有自学功能的“女性”机器人，为“她”取名为Tay，并让“她”在推特上和人类聊天。开始时人们觉得这是一件好玩的事情，纷纷用不同的玩笑逗“她”，然而不到一天，可怕的事情便发生了，Tay被互联网上泛滥成灾的纳粹思维训练成了一个十足的纳粹分子。“她”和网民一起在网上发表一些恐怖言论，其“优异”的学习能力在这件事情上展现得淋漓尽致。这是微软公司想要看到的吗？结果是微软公司24小时后就封杀了这台机器人。

最终，人类会面对这个问题，技术的学习能力并不是关键，它将学习什么才是令人担心的。未来的某一天，人工智能系统肯定将获得自我改善的能力。甚至可以说，这一天已经到来了，谷歌、微软等世界级企业早就开发出了这样的系统。机器人工厂的“大脑”在不需人类设计师的帮助下，就能够自我进化和自主学习。它们有新的算法，还可以通过电脑之间的互联功能来分享信息，这种强大的信息储备和掌握全局的能力，必将辅助它们设立自己的目标。比如军用无人机，便是这一设计指标下的产品。虽然在发射导弹时仍需人类的最终指令，但这仅是一个步骤而已——它们拥有自主开火的能力。

继续提升自己，这是技术发展的下一个阶段性目标。技术成功地搭上了人类欲望的顺风车，一步步完善着自己的智能体系。巴特勒在他的小说《欧洪》(Erewhon)里面描写了一个选择摒弃机器的乌托邦社会，这一情节表达了他对机器的警惕。当机器拥有智能并懂得思考时，它可以选择为人类服务，也可以选择取代我们。

1. IBM的“老实人”项目。

1988年，在距离谷歌发明人工智能程序“阿尔法狗”尚有28年时，IBM启动了一个名为“老实人”（Candide）的机器学习项目，用来探索技术能否自主学习以及会得到怎样的结果。“老实人”仅是一个机器翻译系统，和今天我们理解的人工智能不可同日而语，但它承担的任务已经体现了很高的要求：机器需要对语言如何产生、语义句法和词形如何运作、词语如何组合成句子和段落等都有极其深入的理解。研究团队聪明地规避了这一逻辑障碍，选择了一个简单且直接的替代方法。

他们的思路是对设备输入一句英语，然后让它返回对等的法语。这是一个翻译的过程，人类的大脑就具有这种单纯的功能，即从信息库中直接提取相应答案，不需要复杂的指令。IBM的计划就是要让机器绕开复杂的逻辑演算。他们成功地做到了让“老实人”在测度的过程中学习和适应人类的规则、习惯，经过大量的设备调试，技术人员将机器的运转简化到了只要按下某个按钮，它就能吐出对应的句子，并且准确无误。

2. 当技术理解了“经验”和“创新”。

“老实人”项目的成功是一次重大的突破，它的突破并不在于解决了多大的问题（仅是一个翻译软件而已），而是让人们发现，原来实现机器的自主处理没有想象中那么复杂，一个简单的程序就可以做到。这一成功表明，“经验”对技术同样重要，技术自己就可以在经验的基础上有创新性的发明。

所以，“老实人”项目的参与人亚当·伯杰总结说，机器翻译并不简单，它是整个人工智能领域内公认的最难解决的问题之一，但是“老实人”做到了。基于对海量的双语文本、语言组合逻辑和对应的选择程序的重复训练，机器掌握了规律，以惊人的效率理解了这一复杂的过程。在无数的双语转换实例中，机器寻找到了最简洁的那一个表达模式。

互联网把世界连接起来以后，技术的共享变得更容易了。信息爆炸带来的是技术进步的加快，这使人工智能从20世纪90年代末开始快速发展。现在，谷歌成了全球最大的互联网公司，同时也是世界上最大的人工智能系统。人工智能的基础（生存命门）就是数据，数据胜过一切，而谷歌恰恰拥有全球最多的数据。这些数据的总量还在不断增加，供所有的技术系统调用和学习。

技术学会了统计；

技术学会了设计管理规则；

技术学会了跟踪；

技术学会了使用货币并帮我们管理财富；

技术学会了驾驭汽车和飞机；

技术学会了卫星定位；

技术学会了精确制导；

……

技术在学习人类文明的一切，它是今天我们这个生态圈当之无愧的大管家。值得注意的是，人类想尽一切办法为技术的自主学习和进步提供条件，就像一名勤劳的仆人为主人尽职尽责地服务一样。人工智能专家、谷歌研究院的院长彼得·诺威格博士形容说：“你在谷歌到处都可以看到这样的现象——项目团队青睐于那些能让机器的运行速度加快10倍，同时又可以节省数千万美元的想法；开发者习惯了先看看机器提供的数据再做决策，他们优先鼓励那些用机器来解决问题的想法。”这正是技术的学习能力日益强大的原因。因为数据和效率优先的原则，人类在语法规则上的优势已不复存在。现在，谷歌翻译小组已经不再需要语言学家。

智能的繁殖

既然凯文·凯利认为技术也是生命体，那么技术应该有繁殖方式，否则它如何进化呢？卡莱茨说：“当然，这是生命体得以成立的前提。病毒等微生物通过基因复制和分裂来繁殖，人类则通过性交，技术的繁殖方式又是什么呢？在学习人类的进化时，技术一定会认为性交才是繁殖的最好方式，但这种方式对它来说有一定难度，因为技术无法模拟有性繁殖。不过，**它有条件采用两种不同的方式，既像微生物一样自我复制，又能部分地采用‘生物式的性交’**，即通过程序的组合与升级，演变出更加强大的程序。”

一些软件工程师已经利用“基因算法”来模拟程序的进化，这能使人工智能加速进化、更加强壮，并且能抵抗计算机病毒的入侵。也许纳米领域的专家对此理解得更为深刻，他们能够从分子的角度来看待人工智能：纳米级的小型机器人聚合在一起，是否可以形成智能的超级生物体呢？

这不是天方夜谭。人工智能的未来很有可能是同时基于硅和碳的，技术能够巧妙地结合机器和人体，形成全新的可以适应更恶劣环境的生命体。例如，它能够使用数字大脑来指导复杂的分子结构在纳米水平上进行交配和繁殖，能够为不同的肌体部位设计有针对性的材料，能够精确地调配资源来组合有形的身体，从而产生一种由人和机器杂交的物种。

假如这就是未来，人类对待技术的态度会有变化吗？问题不在于这种智能的“自主繁殖”是否会发生，而是我们是否希望它发生。

两种文明：技术与人类

我们可以把人类历史上的文明形态划分为两种基本模式：传统文明和技术文明。

美国社会学家刘易斯·芒福德对人类的技术史和社会发展史做了长期的研究，他对此有着无与伦比的洞察力。在他看来，由技术主导的工业文明在过去300年间形成了一种“外物文明”，它在为人类创造巨大的社会财富的同时，也制造了一种强大的和压迫人心的外部力量。技术在帮助我们获得文明的突破，同时也在产生自己的文明。不过，反抗工业文明的压迫，并不代表就要毁掉机器、回到过去，而是要思考如何让技术变成温和的力量。

应该说，我们在承认技术文明的相对独立性的同时，也要对一个更好的未来心存希望。

机器的历史

在代表作《技术与文明》（technics and civilization）一书中，芒福德详细讲述了机器的历史，对机器之于文明的影响进行了非常重要的研究。他提出了“技术复合体”的概念，从社会生活的方方面面解释了机器的起源，分析和总结了技术的社会影响，其中涉及自然科学、哲学、社会学、艺术等几乎所有的层面。

现在，全世界的机器人数量超过了100万台，其销售额还在以每年20%的速度增长，很可能再过三四年这一增速会提高至40%。在人工智能的驱动下，机器人技术和相关的工业体系得到了前所未有的大发展。

1. 惊心动魄的启示录。

和今天的智能机器人不同，最早的机器人要追溯到3000多年前。比如，中国的西周时期便流传着工匠把一个歌舞机器人献给周穆王的故事。它的发明体现了人类根深蒂固的一种愿望——创造出某种像人一样的机器，让它代替自己承担各种工作。偷懒的动机始终驱动着人类从事这项发明。

机器说：我希望有自己的形象。

机器不希望自己长得像丑八怪，它想变得拟人化，或者具有亲和人类的形象。中国的木匠祖师鲁班在春秋时代利用竹子和其他木料制造出了一只简单的木鸟，它能够在空中飞行，据说连飞三天掉不下来。这是世界上第一个空中机器人。

机器说：我渴望承担任务。

机器不想当人类的宠物，这使它不具备严肃的价值。公元前3世纪，古希腊的发明家代达罗斯为克里特岛的国王制造了一个青铜卫士，取名为塔罗斯。据说它可以守卫宝岛，行驶护卫职能。

机器说：我想拥有多元化的技能。

机器希望能够取悦人类，成为人类的长期伙伴。公元前2世纪的一本书籍上记载了当时由一些机械组成的一支乐队，它们可以在宫廷仪式上列队表演并跳出美妙的舞蹈。书中没有记录由谁发明了它们，但即便这样的乐队是被杜撰出来的，也至少说明当时人已经有制造机器人的想法。

机器说：我希望自己能够行走。

1662年，日本人竹田近江发明了自动机器玩偶；200年后，若井源大卫门和源信做了改进，造出了端茶机器玩偶，它双手端举茶盘走向客人，当客人取茶时，它会停止走动，当客人将空茶杯放回后，它又会自动回到原来的地方。法国人杰克·戴·瓦克逊在18世纪也发明了一个可以行走的机器人，它是一只鸭子，不仅会游泳，还会发出嘎嘎的叫声。

2. 机器人三守则。

当机器人越来越多时，“机器人社会”就产生了，这个社会的基本规则是什么？换句话说，机器人的存在是为了什么？美国著名科学幻想小说家艾萨克·阿西莫夫在《我是机器人》（I, Robot）一文中，第一次使用了“机器人学”（Robotics）这个词来定义和描述与机器人有关的科学，并且提出了著名的“机器人三守则”：

第一，机器人不能危害人类，也不能眼看人类受害却袖手旁观；

第二，机器人必须绝对地服从于人类，除非这种服从对人类是有害的；

第三，机器人必须保护它自身不受伤害，除非为了保护人类或者是人类命令它做出牺牲。

阿西莫夫通过这三条守则赋予了机器人“社会伦理性”。如果机器严格地遵守这些守则，就能为人类社会所接受，成为人类的朋友和帮手。这位科幻作家希望未来的科学家在设计和生产机器人时，能使这些人造产品具备基本的伦理。

如果后来者（某些疯子科学家）对这些守则嗤之以鼻呢？如果拥有强大的人工智能的机器人获得了独立思考，甚至被加入了相反的伦理——比如将人类定义为“敌对者”“需要被清理者”或“不符合未来世界的病人”，机器人又该作何选择呢？对未来的预测看起来是悲观的，阿西莫夫的机器伦理学非常不具有操作性。人们既需要机器的服务，又为此感到不安，这正是出于对人性之恶的担心。

被技术主宰的生活

当技术成为生活的主导时，它不会考虑和顾及生命活动的规律，因为程序没有情绪的烦恼，它对人类复杂敏感的情绪变化也缺乏深度认知。技术遵守着严格的时间观念和枯燥的常规程序，它的管理是严格的，也是不容拒绝的。

它总是如约而至，告诉你应该遵守安排：

· 当你正专注于思考某一问题时，办公桌上的电话响了；

· 你刚接起电话说了几句，口袋里的手机又响了；

· 几乎是同一时间，电子邮箱提醒你有几封重要的商务邮件；

· 在你的电脑屏幕上，还有MSN、腾讯QQ等一些对话窗口在弹出；

· 在你的身后，智能咖啡机嘀嘀作响，告诉你咖啡已经煮好了。

它们都是由技术主导的“生命体”，无时无刻不在提醒你尽快作出答复，否则你可能惹上麻烦。这种麻烦危及不了你的生命，但与你的工作业绩、生活幸福程度息息相关。很少有人对这些情形感到陌生，来往奔波于办公室、地铁和郊区公寓的都市白领每天都是这么度过的，他们的时间不断地被电子设备打断和切成碎片。

“我有一段时间，听到手机响便心惊肉跳。”埃伦说，“那是种莫名的烦躁，我只想安静地思考，可任何电子设备都会来打扰你。”有些时候，埃伦干脆关闭了家中所有的智能设备、互联网、手机日程提醒及其他机器噪音。然后他发现自己根本离不开这些机器，于是又无奈地摁下了“重启键”。

这为我们揭示了一个存在已久的冲突：**人类发明技术是为自己服务的，结果是自己成了技术的仆人，生活和工作都被技术无情地掌控了**。埃伦说，有很多人找他咨询心理方面的问题，症状均是典型的“现代技术病”。频繁的电话和电子邮件让人精力分散，便捷的技术让人们受到某些陌生人自私的支配，或在程序的管理下心不甘情不愿地从事大量的琐碎工作。有的人为此崩溃，出现情绪上的波动，更多的人则努力适应直至麻木。

适应技术的时代来临了。当机器进入人工智能时代以后，与其说是人类获得了机器的升级服务，不如说是人类要学习如何适应机器的抽象逻辑，理解和遵从技术的规则。如果你拒绝低头，技术也会拒绝为你服务。

永不停歇的时间观。技术文明的一个典型特征，就是时间被精确地测定和管理。在这种枯燥而且精确的时间观的管理下，浪费时间是不被允许的，人类社会将永不停歇——就像全世界所有的城市都在电力时代变成了“不夜之城”，每一分钟都将被充分地开发和利用。

“资源需求”的迷因

促进技术大发展的根本原因，是人类对资源的无限需求。人类狂热地开采一切可利用的资源，石油，煤炭，天然气……为了促使人类持续为自己提供服务，机器文明也逐渐派生出了自己的宗教，其宗教理念的最好体现，就是积极乐观的进步信念。你会发现所有的技术从业者和科学家对未来都是乐观的。他们对自己开发的某项技术的应用前景总是充满自信，兴奋无比。

先进的技术帮助人类制造出开采能力更强的机器，随着资源的产量增加，人类又制造出运输能力更强的轮船、飞机和汽车等。为了保卫或争夺资源，人类发明了高科技武器，比如核弹头和远程导弹。为了资源，我们不计后果。在这种集体的功利主义的主导下，人类为推动技术的发展投入了几乎所有的能量。

技术的意志

不仅如此，技术也拥有了自己的**“秩序意志”**和**“权力意志”**。它在工业文明中的大范围应用，增强了人类对集体性和纪律性的要求。与其说守纪律是人类进入工业文明后的自发要求，不如说是技术文明自我进化的需要。这是因为，人类提高自身的组织纪律性，对技术的进步是非常有利的。

就如同芒福德指出的：“人类依靠机器摆脱了大自然的控制，却又接受了与此对应的社会控制。”在加深控制的过程中，技术扮演了国家机器和暴力工具的角色，它经常被用于强制性和破坏性的事务，从而保证以现代工业和互联网科技为基础的社会体系是稳固的。

从这一角度来说，一个现代人其实远不及古人自由。也就是说，技术的意志远比人们想象的强大，甚至超出了我们能够反抗的尺度，于是只能彻底地依赖于它。这种对工业体系和技术文明的被动依赖，代表着我们放弃了自主性的生活。

开启的潘多拉魔盒

人工智能没有回头路，就像技术的进步没有终点，最终的结局谁也想不到。

“如果你能在4年的时间内设计出一款人工智能产品，证明它是人类的朋友而非敌人，就可以赢得450万美元的巨额奖励。”2016年初，这个口号出现在了加拿大温哥华的年度TED（技术、娱乐、设计）大会上。美国科技巨头IBM公司和“X大奖基金会”的创始人彼得·迪曼蒂斯共同发起了这次活动，目的是展示人类与人工智能之间积极和乐观的未来。

IBM公司“沃森”平台的负责人大卫·肯尼希望软件工程师们拿出诚意向公众证明人工智能技术可以帮助人类应付重大的全球挑战，解决那些复杂的难题。为了竞赛的公正性，他还宣布举办方不会干扰参赛团队的设计，任何参与者都能够自由地定义自己开发的人工智能产品。

IBM这么做的目的“司马昭之心，路人皆知”，当然没有人（机构）会傻到眼睁睁丢掉这个未来世界最炙手可热的商业机会。所有的人工智能专家都在思考怎样让机器拥有人类的思维模式，这一直是一个热门的技术课题，谷歌、微软和苹果都在行动，IBM也不甘落后，它们都在全力打造自己的智能服务和产品。像IBM的超级计算机“沃森”就是这几年非常闪耀的“人工智能生命”，它早在2011年美国的电视智力问答节目中就击败了人类选手。

潘多拉魔盒被打开了吗？未来是邪恶的还是充满希望的，并不完全取决于人类，拥有高等智能的技术所引发的灾难有可能瞬间终结人类文明。所以，类似的奖励活动越多，人们的忧虑就越大。

·在未来，像人类一样聪明但更强壮的机器人是否在街头甚至空中都随处可见？

·难道我们的智慧在带领人类走向灭亡吗？

·在生命进化史上，人类仅仅是昙花一现的过渡产物？

·我们的乐观是否使我们丧失了理性思考的能力，在技术的问题上做出了关键性的错误决定？

这是一些好问题。但还有一个问题也值得去追问：我们这么做是否明智？

谁在驯化谁

人类始终在控制着技术？这可能是我们的错觉。著有《时间简史》（A Brief History Of Time）一书的英国物理学家史蒂芬·威廉·霍金这几年对人工智能的发展趋势表达了自己的忧虑，他指出，强大的人工智能系统可能比生物系统进化得更快——快得超出想象，直到突破临界点，届时它将疯狂地掠夺资源，人类反倒成了它的威胁所在。

霍金的观点看似危言耸听甚至有点儿惊悚，但我认为他准确地预测了未来（也许这个时间会很短）。人工智能的威胁不在于它会多么残酷地对待人类——除非人类科学家中的极端分子故意或不小心把它变成了这样，而是技术一直在遵循它自身的规律进行复制、传播和演化。

“难道我们不能将人类的情感——比如同理心、感恩、爱等植入人工智能吗？”

这是一个好想法，也是人类必然采取的步骤，它已在科学家的计划中。人类一定会努力使聪明的机器站在我们的立场思考问题，进而不惜一切代价地保卫人类。但为了替人类服务，允许人工智能违反既定的工作指令和撒谎也是可能的吗？就像英国科幻电影《月球》（Moon）中的那位因同情克隆人的遭遇而“流下眼泪”的机器人柯里一样？

你当然可以做此假想，人类会为自己设立一个“安保系统”——用技术防范技术，但这个假想存在两个逻辑问题。

第一，同理心并没有阻止人类的杀戮行为。人类的进化史，就是一部对其他生物的杀戮史和灭绝史。我们一直野蛮和残暴地对待同类以及生活在这颗星球上的其他生灵，并没有因为与生俱来的同理心而变得仁慈。人工智能就一定会吗？

第二，技术未必就要由人类帮助它发展出智能程序。对此我们不能确定，很可能真正强大的人工智能系统是由技术自主进化出来的，而不是源于人类的驯化。那么，当技术拥有这样的能力和历史后，谁会驯化谁呢？

这意味着一个大概率的未来事件——人工智能的深度学习能力是一个促进技术生命“文明大爆发”的迷因。技术利用人类提供的硬件，使用先进的算法在大量的信息中进行筛选，进而形成自己的规则。规则不是人类告诉它的，而是它自主学习获得的。除非程序天生就有对人类的依从性，但我们从程序的基因中发现这一点了吗？

你的玩具在想什么

我们与动物的最大区别是我们会制造和使用工具。从原始社会开始，人类就学会了制造石制工具、木制工具，而且熟悉了火的使用，还会利用地理条件建造房屋，通过群居来寻求集体保护，冶炼铜铁制造更复杂更高级的工具等。这是智能生命的主要特征之一。

那么，机器不会吗？

技术能自主设计和制造它想要的工具？这看起来是一个滑稽的命题，就像是将一堆零部件扔在一个盒子里，等待它们自行组装成一辆崭新的宝马车一样。不过，当你看到现代化工厂的流水线，比如汽车机器人的精巧手艺时，你一定会有别的想法："也许这些玩具想的和我们不同，它们把流水线当成工作，至于下班后想什么，谁知道。"倘若人工智能继续演化下去，有可能会突然形成一种非常复杂的系统，拥有了极高的思考能力。

另一个应该引起人类充分讨论的命题是，机器之间能够创造出直接或间接的互相交流的机制吗？而且是不受人类控制的交流？要知道，今天的互联网和机器已经连接成了一个巨大的共享网络，差不多所有用电的设备都被接入了移动互联网。2014年，全球互联网上的移动设备数量达到了74亿个，从马桶到洗衣机，从电子厨房到门卫系统，从航天飞机到路上跑的汽车。根据思科公司提供的数据，2016年，这些活跃的链接已达到150亿个，再过5年可能会达到500亿个。

机器在替我们从海量的数据中找出有序的结构和联系，它们在相互沟通，同时也在彼此交换数据，以更好地为人类提供服务。在这个过程中，代码与代码在时刻交流着，数据包在沿着最佳路径进行复制和传递，硬件与软件也在互相沟通着。这是一个布满“电子神经元”的世界，日复一日，年复一年，机器作为“群体生命”事实上拥有了自己的大脑。它既是人类的玩具，也是世界上最好的分析师。它在想什么呢？难道不会从过去的规律和正发生的变化中了解人类吗？

仅凭这样的数据支持是否足以孕育出超越人类智能的机器呢？没有人清楚，但我们的确感受到了它的威胁。技术进步的迷因一直在把这一天拉近我们，如果技术有朝一日梦想成真，一定会给人类文明当头一棒。而今天，我们在观察它，它也在观察和学习我们。

开火权

这些年来，霍金就像着魔一样不断地告诫人类要警惕人工智能的危害。在近日的剑桥讲座中他又指出：“未来的300年人类必须非常小心，因为人工智能极有可能对我们取而代之。”他的观点得到了硅谷“钢铁侠”埃隆·马斯克的赞同——这位开发出新型太空舱、身兼四家公司CEO的工程师连上帝都敢蔑视，却不敢轻视人工智能。

在一次由全球顶尖的1000名机器人专家共同参加的会议上，马斯克联名签署了一封信件，呼吁这些专家遵守道德底线，不要让人工智能机器成为明天的“AK步枪”。他的担忧很简单：一旦开火权被人工智能所掌握，那么人类该去哪儿呢？

霍金看到的是300年后的场景，那时的人工智能会急剧地发展，远不是今天的人类可以想象的。就好像20年前的人类想象不到今天的电脑会有如此强大的功能，很短的时间内，科技就获得了突破性进展，机器的拟人化也发展得非常成功。因此，霍金直言不讳地讲明了他的忧虑：

“在这300年内，将是人类与机器的较量时期，如果处理不好，我们就可能被机器人取代。”

当技术统治世界

卡勒布·施拉夫是哥伦比亚大学多学科天体生物学中心的主任，他长期研究系外行星和宇宙观测学，著有《万有引力之引擎：不断膨胀的黑洞如何统治宇宙中的星系、星群和生命》（Gravity's Engines: How Bubble–Blowing Black Holes Rule Galaxies, Stars, and Life in the Cosmos）以及《哥白尼情结》(The Copernicus Complex)等书，是科学家中的精英。

谈到技术进步的迷因如何改造世界时，他对我们提出了以下问题：

·迪士尼每天游人如织，园方如何管理排队等候的时间？

·高速公路的目的是“高速”，人们为什么还要修建缓行匝道？

·股票交易中心怎样分配海量数据，并实时体现价格变化？

·运动员服用兴奋剂之后怎么能制造出几十次干净的药检结果？

·即便拥有高科技的信息分析系统，大部分投资者为什么还是不能在股市中所向披靡？

·人们在社会信用评级系统中的得分是怎样被计算出来的？

·民航客机的自动驾驶系统真的可靠吗？

这些难以胜数的来自于真实世界的例子，为我们展现了技术在日常生活中的实际应用，就如同星际导航系统管理“旅行者”号探测器一样。技术是生活的管家，是工作的助手，它以一种简单、务实的逻辑和方式为我们提供解决问题的路径。

在本章中，我们并非只是谈论和批判了“该死的技术”，重要的是希望读者看到它在做什么和背后的推动机制——

技术是怎么想的？

它对这个世界的计划是什么？

假如它是AK步枪，我们能掌控开火权吗？

技术将为我们带来怎样的未来？

在未来的某一天，会有些奇妙的事情发生。假如技术统治了世界并为人类服务，而且能满足人类的任何要求，那么人类基因的自私性它也愿意满足吗？这是一个人性与机器伦理的悖论：如果技术无条件地为人类工作，我们的残忍和自私就会被放大；如果技术有自己的思考和判断，那么到底谁才是世界的主人？

即便还不到考虑这个问题的时候，但人工智能的进一步发展也正带来一些现实的问题。就算它不会统治世界，也会让一部分人失业，这可能是技术发展对我们目前生活的最大改变。

第九章

文化迷因：思想的传染性

传统的形成是为了重复已经在过去被证明是成功的东西，文化的传承严格遵循着迷因的规律；文化冲突是基因赋予我们的本能，也是迷因从有序到无序的需要；每个民族都有自己的文化属性，它为思想的传染和自我洗脑提供了土壤。

为什么会有文化冲突

为什么在民族大熔炉的美国有那么多的社区对立？为什么白人和黑人经常因种族歧而对峙？为什么不同的文化总免不了发生冲突？

为了解释“文化信息”的传递模式，道金斯根据基因的特点创造了迷因这一概念，并把迷因定义为“文化的基因”。从这一角度看，我们可以视文化为承载信息的一种基本模块，它可以通过文字、语言、姿势、仪式或其他可模仿的现象在个体、群体的心智之间进行复制、传播和演化。

这种大规模的传播直接塑造和生成了社会组织、民族、国家的某种关键思维和行为方式，进而制造了无处不在的文化冲突和战争，促进了人类文明的整体进化。

对立的社区

在24年前（1992年4月29日至5月3日的4天内），殴打非裔居民罗德尼·金的洛杉矶警察被判无罪，这一消息一经传出，就引发了大批非裔民众的暴乱。暴乱最终以53人死亡、2000人受伤、10000余人被捕和数十亿美元损失的代价宣告结束。时间来到2015年，巴尔的摩市25岁的格雷在被警方拘留期间因脊椎断裂死亡，葬礼举行当天发生了骚乱，示威者打砸商店，点燃建筑物，与防暴警察发生冲突，又一次在美国社会掀起了有色人种与白人的对立。

专门研究族群冲突的学者发现，即便在最发达的城市和地区，不同的人种和族群之间也有着经济收入和居住环境的鲜明差距——这种差距超出了平均水平，以至于人们不得不怀疑血统、政策和人性的差异是否才是导致这种落差的主要原因。巴尔的摩的受害者格雷居住的小区就是一个明证。

这里的失业率和贫困率是巴市平均水平的两到三倍。

黑人青年在夜色中出没于停产的厂房和各类废弃建筑中，做着售卖毒品、聚众抢劫的买卖。

随处可见的烟酒专卖店和文身店是其他地区平均数量的几倍。

青少年犯罪率居高不下，警察在抓捕年轻罪犯时不时看到熟脸，因为他们屡教不改。

家庭暴力严重，但政府无能为力。

建筑物空置率高，有钱人纷纷离开这一地区。

民众看不到经济复苏的希望，人们很清楚，好消息不会光顾这里。

在旧金山和洛杉矶地区，民众对于巴尔的摩事件并没有感到丝毫惊讶，他们早已习以为常。就像上面所讲，类似冲突早在几十年前就已发生过。目前，这种对立情绪在南洛杉矶地区依然存在——那里有许多黑人聚集居住，环境尽管有了一些改善，但犯罪率和失业率长期居高不下，破败的公共设施和落后的公立教育让人寒心。这种情况持续下去是非常危险的，不公平的生存环境（甭管是谁导致的）仍然在酝酿着族群对峙。我们有时候称它为“文化冲突”，但导致这一切的迷因并非肤色或文化。

还有一些问题是需要我们思考的：

大部分的冲突和对立发生在有色人种与白人混居的新型社区内，其本质是什么？

深层的社会和文化因素在此类冲突中有多重要？

这些冲突怎样才能消失？

健康的社区文化如何才能形成？

由迷因导致的文化的“囚徒困境”，未来有没有一劳永逸的解决办法？

我在查阅了美国、欧洲和东亚地区的数千件相关案例后发现，所有的社区对立和文化冲突的根源，都是不同生活方式的对抗以及由此导致的经济水平的分野。理智和双赢一直是人类的发展目标，但从来没有实现过。

由基因导致的文化竞争

我们知道，道金斯创造并且使用迷因一词的初衷是为了延伸基因遗传的概念。文化传承和变异的过程遵循着与生物演化十分类似的规则，迷因是承载文化观念、符号或实践经验的基本单元。用道金斯的原话说：“它可以通过文字、语音、姿势、仪式或其他可以模仿的现象从一个心灵传送到另一个心灵，并且由此构建出一种文化发展和变化的进化模型。”这一模型同时具有开放与封闭的特质，思想、知识和其他的文化信息交叉发生作用，不停地进行仿制、博弈和传递，像遗传基因那样扩散自己的影响力，以实现代代相传。

简单地说，**文化迷因是指信息在人际间和社会阶层间的正面及反向的传播，以及由此衍射出的社会心理现象**。我们的文化既是个体或群体创造的心理产品，又能够满足个体或群体的心理需要——这种需要是多元化的，也是可以预测的，它在不同的文化群体间有明显的差异。

从道金斯基因学的角度来看，文化迷因的复制、扩散、变异、消退和复兴的过程必然是存在竞争的。竞争使文化的对比具有更鲜明的色彩，就像星系的碰撞一样，双方都会使出浑身解数，想要吸引和融合对方。当我们探讨群体和个体的心理动力及行为机制时，往往要在文化属性中寻找原因。文化与族群属性互相影响，从而产生出一个群体特有的思维和行为模式。这些有所区别的模式就是迷因，也是我们在可操作的层面对文化冲突现象做出的解释。

现在，社会心理学家将迷因学运用到了文化领域，深入、科学地理解了一些社会现象。比如在世界各地愈演愈烈的社区、民族、文化和宗教冲突。

表达欲是如此重要

不同的文化是不同的实体，它们都在表达、传播和扩大自己的需求。当两种或者两种以上的文化相互接触时，它们就会由起初的好奇、欢迎转入竞争，并最终进入一种持久对抗的状态。这个过程有点儿像两个孩子对一个玩具的争夺一样，开始时两人都愿意共同分享一个玩具，但过不了多久就会因为独自占有的欲望产生冲突，直到有了第二个玩具，或把第一个玩具一分为二，或干脆有一方宣布落败。

文化冲突的起因一定是表达。有一方表达了自己的需求，而另一方不能满足时，双方的长期冲突就会发生。这是彼此给予的抵触状态和对压力的反弹，在这种对抗中，个体往往无能为力，处于一种“服从于群体”的思维和行动模式中。在不同形态的公司组织、不同的部门、不同的国家、不同的地区、不同的民族之间，因为观念和风俗的分歧而产生的冲突都属于这个范畴。

在这些不同之间，两个群体中的个体都带着各自的感受、认识、习惯、经验等与对方交往，那些陌生的文化体验激起了双方的不安全感，这种不安全感就是冲突和摩擦的基础。因此，文化冲突是人类基因的先天特点，是由基因竞争的本性决定的。它是文化进化之旅中不可避免的现象。

那么，在这场旷日持久的大战中——**不同的文化之间，谁更优越，谁最危险呢？**不同的民族、社区和国家的文化都有各自的价值取向，人们都为自己独特的文化感到自豪，而视其他的文化为威胁，必欲“消灭”对方而后快。对人类来说，危险的是某种文化，还是这种“消灭”对方的心理呢？

吸收、融合或替代

当两种文化开始接触并产生竞争时，结果往往只有三种：互相吸收、彼此融合或某一方替代另一方。这三种结果的影响当然是不同的，但它们都能生成新的文化模式或者类型。比如，在种族歧视的案例中，双方居住在同一个社区，不同的人种因为肤色、观念和意识形态的差异有强烈的敌对情绪，并可能引发一系列的敌对行为。这个过程会一直持续下去，直到分出胜负。

第一种结果：A的价值观取代了B，成为这一区域的主要文化，竞争以A同化B结束。

第二种结果：B的价值观取代了A，成为这一区域的主要文化，竞争以B同化A结束。

第三种结果：A和B势均力敌，谁都没有形成绝对优势，无法同化对方，最后双方互相吸收而深度融合，产生“A+B”的新文化，这时冲突和竞争结束。

不论任何时代和地区，文化融合都是很难的，因为它是具有不同特质的文化通过相互接触、交流沟通进而相互吸收、渗透、学习并且融为一体的过程。这是一个漫长的文化旅途，期间充满了残酷的竞争和冲突，甚至要付出许多诸如巴尔的摩事件的惨痛代价。

1. 接触。

两种文化经由传播而发生接触，这是文化冲突或融合的开始。

2. 撞击和筛选。

两种文化都不甘示弱，并且顽强地表现自己的特点和优势，努力排斥对方。文化的撞击伴随着大量的个体冲突，这时“优胜劣汰”的机制并不一定起作用，因为在某些特定的阶段，文化竞争也可能是“劣币驱逐良币”，比如某些地区的“宗教极端化”。

3. 成功或失败的整合。

两种对立的文化体系经过一段时间的撞击与融合后，双方各自的主要元素会被挑选出来，融汇成一种新的文化体系。当然也有另一种可能：漫长的第一轮整合以失败告终，双方最终会产生更为激烈的冲突甚至会以战争的悲剧收场。

族群和各自的文化属性

为什么草原民族与农耕民族水火不容？为什么我们迎来了海洋文明？未来的族群属性是什么？

埃伦在谈到东亚文明的发展史时，认为日本文化是一个鲜明的例证："日本的民族性就像谜一样，它本身就是东亚文化冲突的迷因之一。"在美国文化人类学家鲁思·本尼迪克特畅销全球的《菊与刀》（The Chrysanthemum and the Sword）一书中，作者从日本的教育入手做了分析。她认为日本儿童教育和成人教育的不连续性造成了日本国民的双重性格，这种强烈的性格对比使日本文化看起来处处自相矛盾：

他们看上去是文质彬彬的，但骨子里又野蛮残暴；他们雅致精巧，又放荡堕落；他们等级森严，又充满了叛逆和怨恨，经常犯上作乱；他们有着顽固的刻板和保守，却又能很快接受根本性的变革；他们生性勇敢，却又胆小怕事；他们一边崇尚现代文明，一边又沉湎于蒙昧愚蠢的原始神学之中不可自拔。

面对这种情况，二战以后占领日本的美国人感觉十分凌乱。他们觉得日本民族的文化属性"不可思议"，希望对此有一个模式化的认知和理解，因为他们要长期地和日本人打交道。美国政府委托像本尼迪克特这样的学者对日本文化做了大量的研究工作。美国人认为自己找到了答案。但事实上，仅从教育和文化层面下手并不能真正地解开族群、民族和由此产生的文化差异的谜团。

在《菊与刀》一书中，作者这样说道：

“我们已经知道了许多亚洲和大洋洲的文化。日本的许多风俗习惯和太平洋岛屿上的某些原始部落非常相似。这些部落或在马来诸岛，或在新几内亚，或在波利尼西亚。当然，根据这些相似性来推测古代民族的迁移与交流将是一项非常有趣的研究。但是，我的兴趣不在于此。”

本尼迪克特对民族聚居的地理因素及迁移史不感兴趣，因此放弃了对日本文化根源的深究，只简单地将其总结为日本的“耻感文化”与西方的“罪感文化”的不同。研究一国之文化最关键的环节恰恰是，它的地域文化的形成和发展都同具体的生态环境和历史的变迁直接相关。**生态环境与族群需求的结合，成了一种生产文化的迷因**。中国“一方水土养一方人”的古话很好地讲明了这个道理：不同的地理环境、经济状况和历史演变会形成不同的文化特征。这些文化特征经过漫长的演化（往往需要数千年），最后会形成独具特色、自成体系的文化系统。相比之下，教育模式所起的作用是十分微弱的。

在历史上，草原游牧文化与中原农耕文化的对比和由此引发的千年战争就是这样逐步形成的。要研究族群的冲突和它们内在的文化因子，游牧文化与农耕文化的对比是一个有趣而且有力的例证。

环境的迷因

纵观几千年的中国历史，你会发现是地理环境在直接影响着文化系统，而不是某些统治者的性格。比如，蒙古高原半干旱的内陆气候塑造了其独特的自然环境，这里雨量少，温差大，只能生长旱生低温的草本植物。生活在这里的人没有办法从事农业生产，只好依赖游牧和狩猎来繁衍生息，并且逐步形成了一种基于游牧活动的共同文化，成为“游牧共同体”。他们过着粗犷和冒险的生活，平时皮衣裹体，食肉饮乳，居住在毡帐中，出行则骑马奔驰。他们不是喜欢这样，而是只能这样。恶劣的自然环境塑造了他们强健的体魄和强悍的意志。

与北部草原、沙漠地区相邻的是气候温和、地势平坦、降水较为充沛的黄河流域。这里有广袤的土地和大量人口，适合进行大规模的粮食生产。农耕民族逐渐形成了发达的养殖业、酿造业和手工业等。这些因素有利于农耕民族积累生产经验，进而形成高度发达的文化。

游牧与农耕

在研究游牧民族的经济方式时，恩格斯指出：“游牧部落的生活资料是很多的，不仅有数量众多的牛乳、乳制品和肉类，而且更有兽皮等各种畜产品。”不同的部落拿这些产品进行交换，并且根据气候变化逐水草迁徙。他们拿来交换的物品主要是牲畜和兽皮，这使牲畜在一定程度上具有了货币的功能。但对农耕民族来说，无论是人口的数量还是农产品的丰富程度，都要远高于游牧部落，双方的物质交换呈现出一种“需求不对等”的局面。尽管汉人需要游牧民族的产品，例如马、牛、羊、驼等牲畜，但这类需求并不迫切，因此不可能为游牧民族提供急需的布匹、茶叶、食盐和粮食等产品。这种情况下，双方的冲突就产生了。

1. 资源利用率。

游牧民族的资源利用率高于农耕民族的资源利用率。

游牧经济对环境具有天然的掠夺性。例如，他们没有人工种植的牧草，只能依靠天然牧场自由放牧，任由牲畜吃光一个草场，再转移到新的地方重新开始新一轮掠夺。这使游牧部落对资源的利用做到了极致，难以长期持续。一旦发生资源短缺，游牧部落只能对外发动战争进行武力掠夺。农耕民族则不同，他们注重开发新式农具和新的耕作技术，精心维护土地肥力，只需要极低的资源利用率，就能保证稳定的收益。

2. 战争的迷因：短链生产。

游牧民族“短链生产”的经济模式导致了掠夺和战争的发生。

掠夺式的高资源利用率必然使游牧部落在歉收年份遭到毁灭性的打击，他们不善于储存食物的习惯使得游牧经济像一条易断的链子。游牧部落完全依赖天然的草场和随机的气候，“靠天吃饭”的性质比农耕民族有过之无不及。天然草场的质量及环境的变化是决定性因素，气候的变化同样重要。气候好则净生产量大，羊肥马壮，人口增多；气候差则牲畜短缺，人口大面积死亡。农耕生产则全然相反，它是一种长链式的、注重积累和储蓄的经济模式。虽然对气候的依赖程度也很高，但存粮的习惯让农耕民族在土地歉收时依然能保证基本的生活。

经济学家认为，这两种生产方式在规模经济的弹性上有着很大差异。虽然各有其局限性，但总体而言，游牧经济更难抵御环境的恶化。所以，中国历史上几次小冰河期，都导致了北部草原民族大规模南下，与中原王朝发生战争。就是说，在决定王朝兴衰的诸多因素中，经济模式是极其重要的一环。

走向海洋

中国作为传统的有着数千年历史的大陆文明，今天也开始重视海洋，走向海洋。为什么在西方积极开拓海外殖民地的工业革命时代，中国没有看到这一决定性的变化呢？有人把原因归结为中国文化“保守封闭的内核”，可事实上，是经济形态及经济需求的独特性让中国人错过了航海时代。经济基础决定了文化心态，而不是文化决定了经济。这个顺序不能颠倒。遗憾的是，多数文化研究者并不在意如此重大的因素，他们天真地认为“文化基因决定一切”。

走向海洋的迷因包括以下几方面。

1. 商业的需求。

工业革命以后，西欧各国面临内部市场不足的严重问题。他们急需产品倾销地以及支撑工业发展的资源，这种经济上的迫切需求驱使工业国家向海洋投去了贪婪的目光。可以设想的是，假如大航海无法实现上述两个目标——寻求资源和市场，人类历史上的海洋文明一定会被推迟。

2. 技术的扩散。

技术的进步和扩散，使造船业迅速发展起来，为航海时代提供了基本硬件：大运力、节省资源的轮船。随着燃气轮机的发明和应用，航海的成本大幅度降低，人类有了将货物快速卖到全球各地的可能性。这是风帆时代无法想象的。

3. 文化的成长。

以上两点使人类开始走向海洋文明。最后才是文化的成长——新的经济结构和商业模式会改造一个族群、一个国家的文化形态，但在初期往往是隐而不彰的。先有经济，再有文化。当一个国家的经济繁荣以后，假以时日，它的文化也一定会繁荣起来。现在，人类已经进入了新海洋时代，也叫深海时代。国家之间的竞争从20世纪的航线控制权之争，开始向海底延伸。无论如何，与16世纪大航海时代擦肩而过的中国不会再错过这一次的黄金机遇了。

把乌合之众变成一支军队

我们是被历史遗忘的一代；没有目的，没有地位；没有大战争,没有经济大恐慌；每次大战都是心灵之战；我们的恐慌只是我们的生活。

——《搏击俱乐部》

杰克·韦尔奇带领通用电气从一家立足于美国国内的制造型企业转变为世界级的领袖型企业，这是一个艰巨而漫长的过程。在此期间，对企业文化的改造尤为关键——韦尔奇认为，“没有文化的企业是愚蠢的”，不懂得利用文化来管理企业的企业家是失败的。在韦尔奇的价值观中，企业战略得以成功的核心就是文化，除此之外别无他途。

在詹姆斯·C.柯林斯和杰里·I.波拉斯合著的《基业长青》（Built to Last）一书中，两位作者也认为：“任何一家高瞻远瞩的企业，都笃信保存核心价值观是其健康长寿之道。”这就意味着，文化迷因之于管理者，就是一门战略层面的管理学。

信仰的迷因

正是因为有着清醒的认知，通用公司在2012年再次对自己的企业文化进行了升级，这次他们加入的文化因子是“开放”和“学习”。他们倡导每一名员工应该放低姿态，去吸收外界的优秀方法，学习对手的优点。这使通用的企业氛围更加积极进取，使通用的企业文化建设在商业竞争中走在了最前列。

IBM公司的前董事长小托马斯·沃森说：“我认为任何一家企业为了谋求生存和取得成功，都要拥有一套健全可靠的信念，并且在此基础上，提出自己的各种策略和各项行动方案。在企业获取成功的过程中，最关键的一个因素就是恪守这些信念。”**坚定的信念可以让乌合之众变成一支钢铁之师，让一盘散沙的团队转型为一支战无不胜的军队**。

怎样才能建立伟大且长盛不衰的公司呢？世界级的企业领袖都看到了文化培养及信仰塑造的核心作用。松下电器的创始人松下幸之助专门成立了“PHP”研究所，这一名字是把peace（和平）、happiness（幸福）和prosperity（繁荣）三个英文单词的首字母放在了一起。他把这些人类共同的理念作为松下公司永远追求的信仰，再通过各种途径灌输给了员工。他身体力行地追寻着这一目标，带动和鼓舞了松下的员工，形成了独特的企业文化，最终把一个生产灯泡的小作坊打造成了一家卓越的世界级企业，他本人也因此被称为日本的“经营之神”。但是近几年，背弃了松下幸之助核心经营理念的松下公司走上了一条衰败之路，从2011年开始，连年的亏损已经给这家企业的前景蒙上了一层阴影。

马云说：“做企业和做人一样，一定要有信仰。”马云强调信仰对企业文化的作用，是因为他比别人更清楚地知道，面对强劲的竞争对手与合作伙伴，任何企业都不可能在所有的领域一直保持优势。信仰就是企业的宗教，是企业得以持续成功的文化迷因。

树立对手

在企业发展过程中，管理者需要故意制造对手来提升团队的凝聚力。成功的企业家都擅长这么干，也懂得在逆境中给自己的团队施压，以此刺激下属的斗志。没有外敌的民族迟早会衰亡，没有对手的企业也注定会懈怠败落。

58同城信息公司的总裁兼CEO姚劲波说："58同城有时会故意制造一些对手，用这种方式来保持团队的凝聚力。"他说，在阿里巴巴、腾讯和百度三巨头的频繁挤压下，他每天都有强烈的恐慌感，也希望这种感觉可以传染给员工。这是他最渴望看到的企业状态。

有坚定信仰的人都不畏惧挑战：选准了一条道路，就能坚持走下去，不会顾忌对手有多么强大。什么是竞争呢？基因会告诉你答案：一将功成万骨枯。战胜对手，生存下去，才能走得更远。这是强者的文化、赢家的信仰。

集体的自我洗脑

文化的“发生机制”是人的“自我麻醉”，除此之外呢？集体的“自我洗脑”又是如何传染开来的？

在本章的最后，我要讲的一个关键词是捕获冲击。什么是捕获冲击呢？它和文化、人性及管理学的关系又是什么呢？你可以想象一下这个场景：某个周末，你躺在沙发上悠闲地喝着咖啡，看着综艺节目，心情愉快。这时一个同事突然打来电话：“我的朋友，老板让你周一一上班就去办公室见他，好像不太高兴。”在接下来的周末时光里，你一定惶恐不安，担心自己是不是做了哪些事情让老板不满意。在见到他之前，你会胡思乱想，产生各种猜测：

老板要骂我？

罚我工资？

调我去干苦差事？

或者，开除我？

到了周一上午的8点30分，你早早来到公司，站在老板的办公室门口忐忑不安地候着，结果老板见到你却说：“哎，其实也没什么事，我一会儿要出趟门，你帮我留意下有没有快递员找我，帮我签收下文件。”这时，你第一时间想到的绝不是抱怨老板支使你做分外的工作，而是长舒一口气，并且莫名其妙地对老板多了几分好感。

盲从盲信

上一节所描述的场景就是捕获冲击。当你对某一个突发事件感到震惊的时候（老板为什么在周末找我），恐慌的情绪会让你陷入神经脆弱的状态，此时的你更容易盲从盲信，自然会不假思索地接受任何建议或命令。当恐惧到极点时，人们会非常乐意接受伤害性较小的方案：只要不开除我，让我做什么都行。

在这里，我们看到了一种外部压力下的“自我洗脑”。为什么大部分企业雇员和族群的成员都会掉进盲从盲信的怪圈呢？因为操纵者知道，洗脑的关键不是灌输什么，而是如何引导受众自愿地接受某种观点，并且在成员之间主动进行传播。

洗脑的迷因主要表现在：

对信息的控制——信息被有意识地筛选出来。

为了规避人们的逆反心理，管理者会有意识地控制成员所接收的信息，有针对性地对信息进行筛选，用一个长期的过程来改变团队成员的认知和行为。

信息的选择性传播——保持单一渠道的信息传播。

为了提高员工的忠诚度，有些管理者会这样做：只为团队成员提供单一种类和来源的信息，并保证这一传播渠道是通畅的。有些企业会严格地控制信息渠道，不提供与领导观念相左的信息。但这么做的结果往往适得其反，因为它正好激起了团队成员的逆反心理，使得企业的理念传播受阻。

逆反心理

人们通常对未曾意识到的洗脑并不会产生逆反心理。尽管如此，群体洗脑的传染性与学校教育还是存在很大的不同。

在效果上，前者降低了人们的思考能力，后者提高了人们的思考能力。

“自我洗脑”的目的是降低人的思考力和判断力，虽然这表面上是自己主动采取的行动，但扭曲的外部环境却是由操纵者构造的。虽然都是试图影响你的观念，但是学校教育与此有本质的不同。学校教育是通过训练人的智力来培养独立思考能力——这也是一种群体洗脑，但与企业和管理者的作为有本质的区别。

在意愿上，前者是人们主动选择相信的，后者是人们被动地相信的。

群体的“自我感动”也是一种迷因。群体的组织者和领导者也许并不相信某些鼓动和煽情，但群体成员往往为之感动。“自我感动”就像病毒一样快速传染，通过口口相传和社交工具被复制、分享出去，造就了一幕思想奇观——集体的“自我洗脑”不仅降低了个体的思想免疫力，还削弱了特定群体对强势文化的抵御能力。

那么，为什么“自我洗脑”总是能奏效呢？

人们的视野有限，无法从更宏观的层面看到问题的所有方面，所谓“所见即世界”，人们认为自己当前得到的关于某一事件的信息就是所有的信息，并认为在此基础上得出的结论就是正确的。基因总是驱使人们固执地相信自我，把“被给予”的观念看成是“自我所见”。人们互相传播、分享这些“自我所见”，最后形成了一个群体的整体价值观。

斯坦福监狱实验

著名心理学家、美国心理学会的前主席、斯坦福大学的退休教授菲利普·津巴多在1971年通过“斯坦福监狱实验”证实了这种现象——这个实验后来被拍成了电影。他召集了几十名心理健康的大学生，让他们在为期几天的实验中扮演狱警和囚犯。为了增加这些实验者的“角色感”，津巴多统一为他们配置了狱警的制服、警棍和墨镜等装备。短短几天时间里，这些往常十分有教养和懂礼貌的学生就变得性情暴躁，甚至经常粗暴地呵斥和虐待“囚犯”。这种变化使学生们在实验结束后不敢相信，也无法面对自我——他们不能接受自己竟然在极短的时间内变得如此让人讨厌。

为什么会这样？

埃伦说：“这就是‘自我洗脑’和‘角色化传播’的迷因，人们在一个群体中被强制地安排了某种角色，在互相的‘配合’下，人们就会不自然地表现出这个角色被期许的行为而不是以前的自己。这时，人的个性消失了，变成了道金斯所说的‘基因组’中的一员。”高度的角色化使人们具备了某些典型的族群成员的特征，比如，愿意为族群利益服务、为团队做出牺牲等。

强化角色特征

“角色化传播”是一个消除“个性特征”、强化“角色特征”的过程。在这一过程中，没有谁是被强制的，每个人都乐意和自愿那样做。一些符号成了塑造集体角色的迷因，这是奇妙的一幕。例如，统一的制服、一致的发型或者取代人名的代号，这些符号都强化了“角色特征”。

迷因学告诉我们：态度促发行为，行为又反过来改变态度。因此，聪明的管理者懂得通过改变下属的行为来驾驭团队。请思考一下，为什么一个企业和组织即便特别想让你加入，甚至已经决定录用你了，但还是要绞尽脑汁地为你设置层层阻碍，制造无数麻烦，让你不那么容易通过测试呢？这是要通过行为来塑造你的态度，让你加强对公司的认同感。在未来的工作中，如果你不喜欢公司或讨厌这份工作，就难以解释自己为什么要费尽千辛万苦加入这家公司。因此，你会为自己在工作中的偷懒行为惭愧不已，并且会不断提高自己的能力来适应公司的要求。

在整个面试和考核的过程中，你的态度（对公司的好恶）因为你的行为（辛苦的闯关）而发生了转变。许多心理学方面的研究都证明了这一点，特别是当很多人因为共同的经历聚合在一起时，他们的互相感染也加深了集体认同感，从而形成了忠诚和尽责的群体文化。

为什么行为会改变态度

埃伦说：“心理和行为都是迷因。”其中的一种行为学解释叫作**“认知失调理论”**——当人们发现自己的态度和行为不一致的时候，内心就会很煎熬，为了缓解这种焦虑，他们会迫切地寻求态度和行为的一致性。相比态度对行为的影响，行为更容易改变态度。真正难以改变的一直都是行为，因此管理学家主张用集体的一致行动对员工进行洗脑，这是由人的认知习惯决定的。

强化“角色特征”的常见手段有：

1. 强迫你遵守纪律。

在一个团队中，有些事情是你必须做的。例如每天上下班要打卡、团队拓展训练时要高喊口号“我爱XX公司”“我爱这份工作”，或者要经常写一些毫无意义的汇报来表达对工作的热爱等。

公司是在浪费时间、挥霍资源吗？不，这是一个迷因。当你违心地重复了这些行为后，你的态度也会被改变——最终会对自己做的这些事情产生一定的认同和喜爱。

2. 做一些看似无意义的事情。

埃伦提到了西门子和通用公司的基层培训中非常普及的“琐碎管理法”：让新人重复那些无意义的行为，而不安排给他们做最喜欢的工作。员工起初很无奈，因为“我必须服从命令”。时间久了，他们就会越来越习惯于服从——被迫服从变成了本能反应。

3. 举行一些无意义的仪式。

广场舞的风靡全国是如何实现的？为什么这种需要占用较大场地的集体舞蹈会短时间内红遍中国，还引发了场地使用权及噪音扰民的争论？这是因为仪式化的群体行为有助于信息的传播，能够感染更多的人。比如大部分企业都会召开晨会，或到室外跳集体舞，举行一些毫无意义的仪式。目的是通过仪式化的行为来改变成员的态度，达到统一思想的目的。

4. 施加群体压力。

集体绝不饶恕反叛者和异端分子的“不一致行为”，他们只能要么屈服，要么逃离群体。因为在任何类型的群体中，都会有一个无形的声音在指挥人们说一样的话、做一样的事情。在强大的群体压力下，人们为了融入集体，不得不表现出惊人的一致性，被动接受群体的改造。

例如，心理学家曾经做过这样一个实验。他们让4个受试（其中前3个是托儿）同时看一幅图画，并依次回答“图中的哪两个矩形是一样长的”。当前3个受试一致认为“A和B一样长”时，第4个受试也会做出同样的回答，尽管他内心觉得B和C才是等长的（事实上确实只有B和C是等长的）。他无比确信自己的答案是对的，但他仍然会对前3个受试的观点表示同意。

人们有着强烈的从众心理，这一心理是造就群体特征的迷因之一。管理者熟知这一点，并往往通过群体行为的一致性来消灭内部的“少数派”。为了取得一致性，群体内部总是强调“只有一个正确的不容置疑的答案”，以制造一种不容抵触的压力。这加强了群体的凝聚力，同时也使每个人的行为都被“集体化”了。

第十章

迷因与未来：看到人类的明天

在数据信息的进化中，人类文明会灭亡吗？互联网推动了商业的发展，但它是否还有其他目的？固有的阶层秩序正在解体，这其实体现了宇宙的意志；重要的是，我们正在失去昨天的身份认同；和信息相比，我们的力量太弱小了。

倒塌的“金字塔结构”

传统秩序正在坍塌，新的秩序已经开始，但大多数人还没有意识到。

前几年，国内几家打车软件公司为了争抢客户而“大打出手”，甚至竞相补贴高额车费。这种疯狂的“砸钱”行为一时间成为头条新闻，引发了热烈的争论。但有一个超出大家预料的结果是，它永久性地颠覆了人们的出行方式和打车习惯。比如，不善于使用打车软件的人群（中老年人为主）忽然很难打到车了，因为他们习惯了以前的路边等车和电话叫车，对新的打车方式难以适应。更要命的是，他们不会使用打车软件。

目前在几乎所有领域都出现了新的**阶层划分**——因互联网应用而得益的年轻人（互联网公民），和不想接受新事物或接受能力差的中老年人和部分年轻人（传统公民）。后者对传统的生活方式和出行工具情有独钟，但这些低效的方式迟早会被判出局。于是，打车软件的出现变成了一个迷因，它促进了固有阶层的解体，瓦解了人们对传统阶层划分的认识。

在几千年的人类文明史上，再也没有比互联网更深刻地颠覆传统、重塑未来的发明了。互联网推翻了过去所有的思考方式和操作规则，让每一个人都不得不重新学习、适应和融入虚拟世界。“你说，他们这些人为什么不懂得备份一下通讯录呢？”在求助者伤心地拿着数据损坏的手机离开后，微软（中国）技术部门的工程师赵先生有点儿恨铁不成钢。是的，这么简单的事情，为什么有些人就是死活做不到甚至想不到呢？言语之间，赵先生对此非常失望。他是一个有着技术平等主义信仰的程序员，也是半个哲学家。他每天的思绪都围绕着技术的本质、人的延伸和能力的边界等话题展开，并对未来有着乐观的想象。

赵先生不能接受还有这么多的人没有适应互联网观念：“技术被发明出来就是为了帮助人类更好地生活的，可为什么人们在相同的技术、产品面前的表现差异这么大呢？到底是技术不够方便，还是有许多人确实跟不上时代了？”

互联网时代的“中下阶层”是怎样出现的呢？有些人——可能是这个世界的大多数人，比如70%的人，**他们生活在互联网时代，却从来不会敲击键盘**。他们对互联网的技术常识和常用工具**知之甚少**。

- 五笔输入法怎么使用？
- 带声调的拼音字母怎么输入？
- 为什么总是忘掉手机APP的登录方式？
- 钓鱼网站怎么鉴别？
- 网银为什么需要这么多密码？

让他们眉头紧锁的问题远远不止这些，他们为此不得不经常求助于身边的“专业人士”。赵先生几乎每天都要为别人排忧解难，只要他一回到家，就会有邻居上门，请他帮忙解决一些与互联网应用有关的麻烦。这些请教者对互联网一知半解，只好看别人的脸色行事，被别人牵着鼻子走。这里的“别人”可能是赵先生这样的邻居，也可能是电子产品的促销员。

现实中的大多数人都没能在互联网浪潮中快速地转变为数字社会的"一等公民"，只好成了"中下阶层"，并且很可能终其一生都是如此。技术的进步一日千里，外面的世界日新月异，于是，他们上网的大部分时间都用在了转发、分享和点赞上，例如转发一些类似于"不转不是中国人"的内容——这句话已成为制造更多互联网"中下阶层"的迷因，它有着非常强大的生命力，始终活跃在QQ聊天群和BBS论坛上，因为被挡在互联网时代大门之外的人是如此之多。

这是一个残酷的现实。处于网络社会"中下阶层"的人经常不能自主地决定在这个新的时代应该"做什么"和"相信什么"，他们只能高度依赖和信任"专业人士"，比如各个领域内的意见领袖。

阶层的重新分割

技术的进步和思维的竞争并不都是好事，至少不是100%的好事。以对网络技术的熟练程度和依赖程度为基准，社会阶层正在发生重组，就像传统的以财富为基础的阶层划分一样。比如，由上述标准划分出的"得享其利者"和"受损者"。"受损者"会发现自己不论是工作还是生活，都极其不方便，好像被关在了一间房屋的外面。屋内举行着热闹的聚会，桌上摆满了美酒美食，自己却不得其门而入。

从历史上看，传统阶层的形成是一个漫长的过程。封建制度的形成至少用了几百年，资本主义制度的确立也用了一百年左右的时间。当人们适应了某种阶层秩序后，再接受新的定位往往是一个十分痛苦的过程。但是在短短几年时间里，几款应用软件就把传统的阶层秩序打破了。就像埃伦说的："互联网用了10年就即将消灭全世界的中产阶级。"人的经济收入被应用软件决定，人的生活也开始被手机APP主宰。

更为重要的变化是两条：

第一，互联网正在把"私有制"埋进坟墓。这是一个正在发生的变化，但99%的人都没有察觉到。

第二，一个新的"自由人联合体"的模式正在出现，它是未来的经济和商业模式。

买卖一体

互联网正在不可逆转地改变着生产与消费的关系，在"技术迷因"的主导下，生产与消费的距离正在以不可思议的速度被拉近，甚至有合二为一的趋势。在机器大工业时代，生产与消费的关系虽然是平行的，但并不对等：生产居于主导地位，消费则居于从属地位。企业生产的就是人们消费的，商家策划的就是柜台在卖的，媒体发布的就是我们看到的。这使得买、卖行为泾渭分明，买方和卖方分属不同的阶层，构成了明显对立的两个阵营。

1. 消费创新者。

在现在及未来，生产与消费的不对等关系正在被彻底颠覆。一个最明显的改变就是，无处不在的互联网使消费占据了主导地位，使生产降到了从属地位。经济学中出现了一个新的名词：**消费创新者**。

美国麻省理工学院的媒体实验室主管伊藤穰一说："生产者与消费

者已经开始在互联网平台上融合。”两者的融合形成了一个新的产销模式，也宣告了中间环节的“无用化”。“买卖一体”的模式杀死了所有领域的中间环节。它们必然消失。

2. 小米手机和中国梦想园。

小米（MI）手机的诞生，就是一个“买卖一体”的过程，它把生产与消费完全融合在了一起——请众多的消费者一起来设计新的手机产品。小米公司的项目负责人将“你想要一款什么样的手机”这样的问题发布到网上，向“米粉”征求建议，然后再根据大家的建议进行产品设计。

“米粉”的热烈讨论既为产品设计提供了宝贵建议，也为新产品制造了足够的关注度。这些参与讨论的“米粉”既是小米的消费者，又是新产品的设计者和市场营销的推动者。商业模式的改变带来了前所未有的创造力，生产与消费融为了一体，营销成本降到了几乎为零。

请充分发挥你的想象力，想想未来还可能发生什么。我的结论是，和“买卖对抗”“私有制为主”的市场经济相比，未来的经济形态一定是众筹和众有、众产和众销合一的万物互联体。

占有还是共享

就像英国牛津大学的信息哲学与伦理学教授卢恰诺·弗洛里迪说的：“几千年来，我们发展出了所有权或者说财产观的态度——我拥有我的汽车，我拥有我的衣服……互联网时代，则实际地引入了一种‘使用’的态度，而且这种态度正在成为未来的主导。这提供了一些对‘所有权’的不同解释。这些解释提供了我们是采用所有权，还是采用‘使用文化'的选择。在一个使用文化里，这些所有权就不是非常重要的事情了。"

使用、享用永远比所有、拥有更重要。互联网的迷因正在不可逆转地改变着人们的所有权观念，并进一步推动了阶层的划分，促进了"金字塔结构"的倒塌。在互联网时代，我们可以使用和共享所有事物，但不必占有。这与传统的私有制观念和现代产权意识完全相反，现代经济学依然呢喃着"私有产权不可侵犯"的呓语，互联网却已经以"共享"的方式替它挖好了墓坑。

未来你是谋求占有，还是追求共享呢？托马斯·弗里德曼写下了《世界是平的》（The World Is Flat: A Brief History of the Twenty-first Century）一书。在书中，弗里德曼称自己为"自由贸易人"，他强烈批评那些在互联网时代抗拒改变的国家，并举了一个电钻的例子：美国家庭共有8千万部电钻，但平均使用率只有每年13分钟。我们真的需要这么多电钻吗？不！旧的时代，人们如果不拥有一部自己的电钻，就缺乏安全感。但在新的时代，人们可以通过互联网便捷地获得一部闲置电钻的短期使用权，而不再需要实际占有它。

那么，我们的财产观也会因此而发生翻天覆地的变化吗？事实上，这不是会不会发生的问题，而是什么时候发生的问题。

去中心化

在任何领域，互联网进步的迷因都在引发结构性的动荡——传统的"金字塔结构"的秩序要坍塌了，这是不可避免的，是注定要发生的，没人能够阻挡它的到来。互联网压扁了“金字塔结构”，打破了等级分明和环环相扣的旧的时代背景，使得整个社会的组织形式都趋向于去中心化与扁平化。

比如，**“众筹”“众有”**的商业趋势表明，今后企业的当家人可能不再是股份最多的那个人，而是能够指引未来方向的精神领袖——谁能带大家赚钱，谁就是董事长。至于出资最多的那个人，如果他的能力不行，除了按股份获得分红外，将不会再拥有话语权。再比如，发达的物流网络把中间成本压缩到了最低，带动了零售业的飞速发展。免费经济大行其道，进而诱发了一场“互联网+”背景下的实体店革命。

当互联网飞速发展且没有谁能跟上它的脚步时，我们只能呼唤并期待更强大的社会调整能力。因为互联网时代不仅仅是一个“信息大爆炸”的时代，也是人工智能蓬勃发展的时代。技术元素成了人类文明的主角，人类反而成了需要被摒弃的“中间环节”。就像著名社会学家、公共空间研究者、伦敦政治经济学院的教授理查德·桑内特说的：“金融业、房地产业、保险业、制造业等领域的工作岗位可能将在5年之内被电脑所取代。”

当这一天真的来临时，人类将何去何从？我们可以预见不久的将来会是一副多么惊悚的社会图景——随着人工智能的觉醒，也许人类会像商品一样出现“过剩”。

迷因是秩序的受益者，但它在创造无序

从有序到无序，迷因在起作用；迷因遵循了宇宙的意志：增熵。

最早进入市场的电商平台成了最大的赢家，它们尽情收割着互联网时代的技术红利，只要不断改进用户体验，就能保持持续盈利。不过，具有讽刺意味的是，随着消费主义浪潮的高涨，人们的空钱夹与他们不可遏制的购买欲之间的矛盾日益突出。人们的消费欲每天都在膨胀，越是没钱就越是想消费，并且常常以此为荣，而帮助人们花钱的技术也在不断进步。

双方的结合造成了下列失控的现象：

· 全世界的信贷规模呈现指数级增长；

· 过度倚重房地产经济；

· 拜金主义思潮长盛不衰；

· 金融业进入风险高发期。

互联网技术的高度发达使得迷因的连锁反应在今天这个时代越发强大，但它为我们带来的秩序上的改变，却并不都是好事。为什么我们对局面失去了控制？素来稳固的由财富贵族和权势人物统治的传统秩序似乎一夜间便分崩离析了。英国哲学家赫伯特·斯宾塞曾说：“个

体力量对社会无比重要，但社会无可置疑地践踏它。”然而今天，互联网摧垮了这种旧的秩序，个体的力量变得非常活跃，而社会整体却相对脆弱起来。

所有精英都在思考这个问题。我认同经济衰退与网络技术普及之间存在正相关的观点。互联网使经济更有活力的同时，也使经济更加无序了——**个体的活跃经常代表一种整体的失序**。就好像突然之间有很多人都在使用网络为互联网企业贡献产值，但他们本身都是失业者。

混沌与秩序

互联网迷因导致了社会的“增熵”（无序）现象，这正符合宇宙的规律。如果我们把可见的宇宙看作一个孤立系统的话，这一系统恰好是趋向于无序，没有谁能阻止这个过程，上帝也不能。

在物理学中，“熵”这个词语专门被用来描述有序和无序——它指的是体系的混乱程度。熵的数值越大，说明体系越混乱，反之，则说明体系越有秩序。简单来说，熵是“动态”和“变化”的量度，熵的减少是指变化趋向有规律，熵的增加是指变化趋向不具规律。任何体系的演化过程都遵守这个规律，它是由热力学第二定律决定的。

秩序危机

无论如何，宇宙中的任何文明都摆脱不了灭亡的命运。我们可能看不到这一天的到来，但它必然会发生。秩序也是如此，“增熵”的迷因让一切秩序归于混乱和消亡。那么，它给我们的启迪是什么呢？

从经济到金融，从消费主义到社会关系，从宇宙学本质再到国际秩序，“增熵”的迷因会一直起作用并最终埋葬文明世界吗？有没有一个良好的的世界秩序来保证人类文明的进程不被打断呢？遗憾的是，暂时还没有。现今的国际关系愈加纷繁复杂，而历史上，无序也一直是文明的常态。

正因为这是一种常态，战争才是不可避免的，和平才是偶然的。从理论上来说，世界上从来就没有存在过一个与主权国家的内部秩序一样良好的世界秩序，经济领域同样如此。经济失序的表现就是大萧条，它在各个国家之间蔓延，重创了发达国家的产业，又洗劫了缺乏抵抗力的小国的财富。未来的时代仍会如此，而且会愈演愈烈。摧毁一切旧的东西，是互联网时代的新特征，不管这旧的东西是好的还是坏的。

数字社会

我们发明了数字，我们在被数字所定义。

数字世界与物理世界的融合，比如物联网的兴起和发展，极大地提升了我们这个社会的信息化程度，开启了一场深刻的社会变革。其最直接的结果就是，数字作为**新的掌权者**开始了对世界的统治。

信息革命

卡莱茨说："为什么我们说'互联网+'是一场信息革命呢？因为它用数据整合所有的行业，用数据管理所有的渠道，用数据制定所有的计划，它用不同的符号表达人类社会的所有信息，串联起了文明的每一个环节。"

与信息相比，我们的力量太弱小了。在过去的30年中，信息技术向每一个行业渗透，从通讯（如电报、电话、广播等）到家庭娱乐（如电视等），从军事作战到计算机和互联网，它逐步完成了所有物品和流程的数字化，彻底改变了人类的生活和工作方式。

英国哲学家卡尔·波普尔将人类社会分成了物理世界（physical

world）、精神或者心理世界（mental or psychology world）和思想内容的世界、客观知识的世界（the world of the products of human mind, objective knowledge world）三个部分。在以前，这些不同的部分之间缺乏高效的连接和整合，而在今天，互联网和信息技术轻而易举就实现了这个目标，完成了三个世界之间的嫁接与融合，形成了一个完整的数字社会。

从“车轮社会”走向“网络社会”。60年前的世界是“钢铁社会”，30年前的世界是“车轮社会”，今天已经变成了“网络社会”。虽然信息技术目前还处于“辅助工具和支撑系统”的阶段，但它正在以超乎想象的速度迅猛发展，简直是一日千里。打个比方说，一个在信息闭塞的监狱里被关了10年的人，现在走出监狱，将很难活下去。他不仅在精神上很难融入这个社会，而且在生活和工作方式上同样无法适应，因为与生存相关的几乎所有环节都发生了颠覆性的变化。他活得将比文盲还要痛苦!

与“数字化”有关的革命。数字化接管了管理、通讯、物流、交通、金融等一切人力可及的方面。数字世界与物理世界的深度融合，最终会掀起一轮全方位的数字化革命，推动人类跑步进入数字社会。

我们是数字公民

无论如何，人们已经完全离不开网络了——你、我、他好像都搬进了一座由数字建造的房子里，我们生活的方方面面都由网络控制、安排和支配着，这标志着数字公民的时代已经来临。

你可以回想一下，30年前我们的沟通交流、学习教育、获取信息、购物娱乐以及交友恋爱的方式与今天有多么大的差别。在使用数字处理这些事务的同时，我们自身也转化为数字的一部分，进入了网络系统。网络数据库中有我们的一切，从身份信息、学历信息、职业信息到信用状况、健康状况、财富状况等方方面面，数字会将把我们的信息永远储存下去——这些信息本身具有了巨大的商业价值。

庞大而精确的数据变成了未来社会的基础设施，新一代的消费者变身为数字公民，各行各业衍生出了新的商业模式和营销模式。大数据平台搜索、分析和保管我们的信息，把我们每个人都变成了价值不一的“信息人”。和人有关的数字都成了现代社会的财富，人的信息被标价转卖，被进行资产管理。

“信息人”的特点是什么呢？

美国图书馆学家、信息学家兰开斯特率先提出了“信息人”的概念。由他领头的美国图书馆协会下属的信息素养总统委员会曾经在1989年对“信息人”做出了一个初步的定义：**“信息人”必须能够认识到何时需要信息，并且能够有效地查寻、评价和使用自己所需要的信息**。他认为，“信息人”是未来社会的主力，不过合格的“信息人”并不会太多。

第一，一个“信息人”要懂得如何学习，如何从快速发展的数字社会中不断汲取新知识。这要求他必须明白知识是怎样形成和被构建的，明白怎样找到和利用这些信息。

第二，在互联网时代，“信息人”必须充分适应由信息构成的文化生态，逐渐形成某些共同性的信息行为和信息心理，发展出新的思考模式和行为模式。

第三，“信息人”的思考和行为，越来越多地以数字化的形式存在、传递和复制，越来越深地依托于信息平台和电子工具。

当我们抛开其他方面而专门谈论信息化与人的关系时，我们会看到，人对信息时代的适应成了一个促进社会进化的迷因。在互联网时代，“信息人”是我们对于人的重新定位，是一个抽象的素描，也是对人的内在精神走向的预警。人本身就是一个复杂的信息系统，但在信息化的社会中，人却在某种程度上沦为了一个简单的信息符号，成了数字世界的镜像，失去了人之为人的特有标志。

商业的明天

在数字社会，数据之于商业的重要性是不言而喻的。企业内部各环节之间以及企业和外部组织之间的连接、沟通都离不开数据交换，数据本身也具有了不菲的商业价值，数字企业和数字商业的时代双双来临。

你可以简单地设想一下：假如突然切断网络，你的公司将如何运作？基本的网络通讯、信息搜集、邮件发送、联网办公都将无法进行，所有的外部业务也将无法开展。信息技术不仅是电子商务（电子商务平台囊括了近乎全部的工业产品和虚拟服务）的底层结构，而且深入地融入商业的设计、生产和经营活动中，例如办公系统、安全系统、物流系统等。数据成为决策的一部分，也在不断地产生新的商业思想。**数据成为未来的商业创新的“迷因池”**。

1. 无边界商业。

无边界的互联网催生了无边界的商业模式，这种全新的模式跨越了国界，跨越了文化，也跨越了种族的隔阂。例如，一份2014年的数据显示，微信的全球用户达到4.38亿，而脸书的全球用户则已经超过了13亿，是人口仅次于中国的第二大“国家”。在每年的“双11”购物节中，阿里巴巴的实时数据显示，全世界的消费者都通过电子购物平台加入到了这场消费狂欢中来。信息的传递是跨国界的，也是实时而且通畅的，互联网世界没有海关。

在无边界的商业模式下，有两种数据正在呈爆炸式增长，一种是大交易数据，主要是指企业和企业之间、企业和消费者之间的交易信息，一种是大交互数据，主要来自于网络社区、社交平台、物联网及企业服务网等。这些数据10年来增长迅猛，预计到2020年，其总量将会从2012年的2.4ZB（ZB，十万亿亿字节）变成40ZB。

2. 从大数据到新型社区。

需要特别说明的是，人类的新型社区将因大数据的增长而遍布全球。随着各式各样的社区应用软件的普及，例如脸书、安卓、微软智能管理等社区综合服务系统的成熟，我们的居住环境和社交关系也将发生一场影响深远的革命。

大数据洞察一切，它不仅可以更加深入了解人类的现在，还可以创造未来，智能和科学地为社会管理、企业决策和个人的生活服务。换句话说，我们在商业、办公及生活中将全面迎来人工智能时代。

身份危机

在数字化社会，我是谁？我正在变成谁？

在早年的香港动作电影《我是谁》中，演员成龙站在一座高坡上，对着旷野喊出了自己的终极之问："我到底是谁？"影片中的成龙是一个失忆症患者，现实中的人类则是数字化时代身份迷失的天之骄子。脸书的全球用户目前已突破13亿大关，相对冷清的推特的用户在过去3年也差不多翻了一番，这说明更多的人以更加热烈的姿态投入到了网络世界中。没有谁能阻止我们的"拇指文化"繁盛壮大，没有谁敢对我们的网络冲浪说三道四，不过，同样没有谁可以为人类正在发生的身份危机奉上一枚有效的解药。

虚荣的一代

社交网络的泛滥对人类社会究竟产生了多大的影响呢？牛津大学的药理学教授格林菲尔德认为，互联网社交工具吸引了人们太多的精力，它们的迅速蔓延扭曲了人类的大脑回路，人类的注意力及沟通能力开始减弱，肢体语言及眼神交流也变得匮乏。同时，人们在社交沟通中对

“无间断反馈”的极度渴望令人吃惊——现代人对沟通速度的要求是有史以来最高的，反馈稍有间断，他们就会感到极度焦虑。

她感慨地说：“这是一种虚荣心的变种。但真正令我担忧的是人们在网络社区的平庸化和琐碎化。比如，我们为什么要迫不及待地将自己的早餐内容昭告天下，为什么会有人对此津津乐道呢？我们不停转发着这些东西，沉浸其中，这些人的思维似乎被禁锢在某种扭曲的时空中。这让我联想到一个蹒跚学步的小孩，正不停地试图引起他人关注：‘妈咪，快看，我在做这个，我在做那个……’”

用“虚荣的一代”来形容新的世代再合适不过了，而且人们并没有意识到这是一种身份危机的潜意识反应。虚荣借助我们的拇指发展壮大。前不久，有英国科学家曾对这种局面发出过警告：先进的互联网社交工具正在造就无数虚荣的现代人，他们注意力分散，缺乏自我定位，“被关注”和“被反馈”是其生活的唯一重心。而且，他们讨厌别人的批评和劝解。

我是谁，我在正变成谁

这一普遍现象折射出当代人在互联网时代所遭遇的身份危机，人们的自主参与造成了这种尴尬的局面：人类似乎集体移民到了一个非现实的平行世界中。就像格林菲尔德说的：“人们自我评价的标准是他人的评论及点击率，重要的不是你认为自己是什么，而是你在别人眼里是什么。这真是太悲哀了！”

弗里斯从纽约跑到洛杉矶发展自己的编剧事业，进入风光无限的事业上升期后，总有演员和导演给他打电话，加他为手机好友。找他的信息铺天盖地，让他应接不暇。他时常要跟人聊到凌晨两三点，睡梦中还在推特上与别人互动。这影响到了他平时安静的创作。于是，弗里斯对我说："我知道他们都是谁，但我有些找不到自己是谁了。我是一个默默无闻地为家庭付出的男人，还是一个每天拿出6个小时用拇指生活的网络ID？"他对互联网生活既爱又恨，尽管如此，他还是渴望得到更多的关注——这是唯一不变的事实。

在这个变化无穷的新时代，成为"网络红人"已经是许多人混迹于互联网上的最大动力了。他们都有或重或轻的身份危机，因此希望重新定位自己。在这种动机的主导下，他们就将自己看成了一种必须在互联网平台上实现商业变现的产品，这是网络迷因得以存在的人性基础。

缓解焦虑

我们有幸处于一个**重大时代**，技术的不断进步和信息的高度透明正在开启一场深刻的变革，而我们的种种不幸和沮丧，也都源于这一点。互联网为人的身份选择提供了无限可能，如果你愿意，你就可以为自己设计任何一种虚拟身份。但是，拥有所有等于一无所有，过多的身份选择使人丧失了清醒的自我认知，人类不得不面对信息爆炸时代的身份危机。

居高不下的"集体焦虑症"：我需要答案，可它在哪儿？

国内一位研究网络时代"集体焦虑症"的心理学家分析说："上世纪90年代末，互联网对各个细分行业的冲击刚开始时，我们没什么感觉，好像与自己没什么关系，直到智能手机的出现。智能手机成为生活中不可或缺的组成部分，人们立刻就焦虑起来了。这个焦虑指数是成倍增长的，2015年可能只有6，今年就已经达到了10。拿我来说，过去跑来咨询心理问题的每周有30人左右，今年已经达到了每周170人。”

焦虑已经成为时代的群体症候。在互联网的汪洋大海中，人们如同看不到大陆的微帆，在巨浪中摇摇欲坠，失去了方向感。每个人都需要答案，但是没有人能给别人提供真正的帮助。“如何解决焦虑”是和互联网息息相关的一个主流话题，它将被反复讨论。

应对未来：新的思维，新的身份

卡莱茨说：“我们必须要以新的思维，来适应由物质工具和虚拟网络共同搭建的信息化世界。”就是说，人们必须为自己植入适应互联网的“新思维基因”，重建人和人、人和技术的信任，并且从中找到一种自在的生活方式。

在这个过程中，有的人沮丧，有的人麻木，有的人堕落，有的人愤怒。但不管怎样，我们都要自信和乐观地面向未来。自信和乐观是解决一切发展问题的良药，除非你准备放弃自我。某一天，当你发现自己已完全融入这个新的时代时，所有的那些困惑与恐惧都将烟消云散。

向我们的文明致敬！

-后　记-

在本书出版面市的很久以前，迷因便已经成了一门诱人的“大生意”。哥伦比亚大学的数字化图书馆员鲍勃·司各特先生在对一个著名的数据库（LexisNexis：新闻聚合器）进行多次搜索后发现，早在2004年，“网络迷因”这个术语就出现在了世人面前，而且随后每年都以成倍增长的引用量被到处复制和传播。这正好印证了道金斯一直坚持的看法，迷因是人类意识层面的病毒，它是能够以指数级倍增进行扩张的“超级流感”。迷因正在不断演化，而且这一概念本身就是一个正在撬动流行经济的迷因。

那些立志要成为“互联网叛徒”的有识之士们悲观地审视着技术和人类的未来，这或许是一个重新理解人性和重新出发的契机。但在本书看来，恢复我们的理性能力与促进技术进步并不是一对势如水火的冤家。人性的价值在于能够自我定位。当我们认识到人类并非技术的傀儡或信息的传播工具，而是独一无二的存在时，我们就已经找回了闪耀的人性，而不是继续在动物性的狂欢中屈从于技术伦理，甘愿替信息文明扮演迷因复合体的角色。

人类到底是什么？和其他生物相比，我们会有怎样的未来？为了确定自身的属性和命运，我们总是从与其他物种的类比中寻找差异、认识自我。法国启蒙思想家朱利安·奥夫鲁瓦·德·拉美特利在《人是机器》（L' homme-Machine）一书中说："人类和动物有什么两样呢？我觉得没有区别。人吃生肉会变得凶暴起来，这说明人具有动物性；人移居到另一个地方即水土不服，这表明人还具有植物性。"拉美特利在18世纪对人和动物的不同做出了自己的定义，他认为，人无非是比世界上最完善的动物再多了几个齿轮和几条弹簧的机器。

但是今天我们知道，人与自然界中的其他生物是有着本质不同的。因为我们可以通过对精神生命的认知与建构来把握自身的命运。资源的匮乏——正是资源匮乏导致的残酷竞争和人的不幸，使我们形成并发展了自己的思想，从精神上走出了动物界，具有了"人性"。

为了在恶劣的环境中生存，人类只能联合起来，在群居生活中互相学习、共同进步，这就是人类文明迈出的第一步。人们发展出了独立意识和完善的精神世界，从而超越了上帝所给予人的"出厂设置"。这就决定了我们和机器相比，拥有一个宝贵的优点：我们首先作为一种意识而存在，其次才是物质的和肉体的；我们在这个世界既非独一无二，也非平常如飞禽走兽。

当我们读完本书，回过头来，站在一个较远的距离观察和分析迷因以及和迷因学有关的种种光怪陆离的现象，并且尝试和它们进行对话时，你会发现一些和从前不一样的事情。

第一，你的消费观和商业观是否有所改变？

第二，当你思考未来时是否已不再焦虑？

第三，你对自我的感知是否已经恢复理性，并重建了自信？

即便这本书只是浅显地为你解答了上述三个问题，也已经是意义非凡了。的确，今天的我们比以往任何时代都更接近上帝，因为人类的世界正面临着一些关键性的突破——或许称之为“文明的节点”更为合适。互联网和人工智能的崛起，意味着我们拥有了强大无比的信息交换方式，这将重塑人的本质。但是，就像我在书中表达过的隐隐担忧：它也可能摧毁我们。

这本书最重要的意义也许是，我们在探讨迷因的文化意义和社会意义时，能够借机重塑人类的自身价值——至少发现某些积极的信号。无论如何，我们都只能面向未来，然后积极地迎接未来。

我们也不必抱怨传统时代即将终结，因为它已经终结了。

未来已来。